한국사회를 움직이는
현대철학자들

이 책은 방일영 문화재단의 지원으로 저술 출판되었습니다.

한국사회를 움직이는

현 대 철 학 자 들

김진 지음

UUP

한국사회를 움직이는

현대철학자들

2010년 01월 20일 초판 2쇄 인쇄
2010년 01월 25일 초판 2쇄 발행
2009년 03월 30일 초판 발행

지은이 | 김 진
펴낸이 | 김 도 연
펴낸곳 | UUP(울산대학교출판부)

출판등록 | 제370-1996-000001호(1996.3.13)
주소 | 680-749 울산광역시 남구 대학로 102
전화 | (052) 259-2488
팩스 | (052) 277-3011
홈페이지 | http://uup.ulsan.ac.kr
e-mai | press@mail.ulsan.ac.kr

값 11,000원

ISBN 978-89-7868-178-0

서문

이 책은 지금 우리가 살고 있는 2천 년 대 초반의 한국사회에서 가장 큰 영향력을 미치고 있는 현대철학자들에 대한 지적(知的) 프로필을 소개하려는 의도에서 기획되었다. 우리사회의 철학적 지형도를 그려보자는 것이다.

최근에 우리나라의 지적 상황은 크게 달라졌다. 오늘날 우리 학생들은 70 · 80 세대들이 철학을 배웠던 것과는 판이하게 다른 내용들을 공부하고 있다. 지난 70 · 80년대는 우리나라에서 민주화가 급진전된 시대였다. 그러나 군사독재 권력이 채 청산되지 않은 상태에서 수많은 사람들이 고초를 당하고 있었으며, 당시 시대를 앞서가던 젊은이들치고 마르크스주의에 매료되지 않은 경우는 드물었다. 특히 루카치는 매력적이었다.

군사정부가 사라지고 민주정부가 들어섰다. 그러나 민주인사들에 의한 세 차례의 정치실험 역시 모두 실패하고 말았다. 김영삼 정부는 IMF를 불러왔고, 김대중 정부의 햇볕정책은 결과적으로 북핵 개발을 지원한 셈이 되었으며, 노무현 정부는 헌법의 권위를 훼손하는 사태로 치닫고 말았다.

이와 함께 민주화 세력들이 권력을 잡더라도 그들 역시 부패로부터 자유롭지 못하다는 사실들 앞에서 국민들은 절망할 수밖에 없었다. 자유와 정의를 부르짖던 사람들까지 단순한 정책적 시행착오의 차원을 넘어서서 부정부패로 말미암아 심판 받았다는 것은 무척 안타까운 일이다. 그리고 다시 보수주의가 사회적 주류 현상으로 나타났다. 현재로서는 이 새로운 보수주의의 실험 역시 성공할 수 있을지 의문이다. 그러나 앞에서 언급한 정치실험들을 통하여 우리의 정치 이데올로기는 이제 더 이상 민주 대 반민주, 진보 대 보수의 구분법으로 재단할 수 없게 되었다. 그리고 자유, 민주, 정의, 평등 등의 가치들도 규제적으로 기능해야 한다는 인식이 확산되고 있다.

이러한 세태와 함께 우리나라에서의 철학적 경향성도 크게 달라졌다. 마르크스와 루카치에 대한 관심이 퇴조하는 반면에, 벤야민과 블로흐에 대한 관심이 점진적으로 증대되고 있으며, 라캉과 지젝에 대한 열풍이 일고 있다. 칸트와 헤겔과 마르쿠제의 독일적 카리스마가 약화되면서 푸코와 들뢰즈와 데리다의 프랑스적 카리스마가 철학의 권좌를 차지한 지 오래이다. 우리의 삶에서는 전체성보다는 개체성, 동일성보다는 차이성, 도그마보다는 담론이 더 소중한 것으로 여겨지고 있다.

이러한 시대적 상황 속에서 우리는 철학을 새롭게 규정하지 않으면 안 되게 되었다. 철학은 생각하는 것이고, 생각은 세상을 뒤집을 수 있는 힘을 가지고 있다. 그래서 블로흐는 생각하는 것은 뒤집어엎는 것, 즉 전복하는 것이라고 말하였다. 그런데 그 말을 우리가 있는 그대로 수용한다 하더라도 우리 시대는 지금 너무나도 생각의 변화가 극심하고 빈번하여 좌충우돌하는 양상까지 보이고 있다. 생각들의 충돌과 이익 갈등의 폭이 그 어느 때보다도 커서 걷잡을 수 없는 사회 분쟁에 휩싸이고 있다. 그래서 필자는 우리 사회에 지대한 영향을 주고 있는 현대적 사유의 흐름을 체계적으로 정리해 봄으로써 우리 시대에 부응할 수 있는 사유 틀을 모색해보기로 하였다.

지난 2008년 여름에 우리는 역사상 최초로 세계적인 규모의 철학대회를 유치하여 성공적으로 치러낸 바 있다(제22차 세계철학대회 7.30~8.5 서울대학교). 그 행사가 치러지기 약 6개월 전에 필자는 경상일보사와 협의하여 "현대 한국사회를 움직이는 10인의 철학자"를 소개하기로 하였다. 알프레드 화이트헤드, 마르틴 하이데거, 루트비히 비트겐슈타인, 칼 포퍼, 미셸 푸코, 위르겐 하버마스, 존 롤즈, 질 들뢰즈, 자크 데리다, 슬라보예 지젝이 바로 그들이다. 현재 우리 사회에서 막강한 영향력을 행사하고 있는 철학자로서, 주요 작품들이 우리말로 번역 소개된 경우를 우선적으로 선정해 보았다.

그리고 이 책의 완성도를 높이기 위하여 당시에는 연재하지 못했던 에른스트 블로흐, 칼 야스퍼스, 발터 벤야민, 자크 라캉, 테오도르 아도르노, 한스 요나스, 한나 아렌트, 엠마누엘 레비나스를 추가하여 현대철학자 18인의 사상을 정리하고자 하였다. 이들 철학자들은 우리들보다 단지 한두 세대를 앞서거나 심지어 동시대를 살아가고 있는 사람들로서, 우리의 문제들과 그 구조적인 모순들까지도 너무나 분명하게 통찰하고 있기 때문에, 우리의 삶 자체를 의미 있게 개선하기 위하여 필연적으로 숙고하지 않으면 안 될 그런 명철과 지혜의 보고(寶庫)들이다.

또한 현대철학자들의 사상을 좀 더 쉽게 접근할 수 있도록 현대철학의 주요흐름을 서론으로 추가하였다. 이 부분은 필자의 철학개설서인 『철학의 현실문제들』에서 학문방법론에 대하여 기술한 부분을 이 책의 흐름에 맞도록 정리하였으며, 거기에서 논의되지 않은 부분들도 새롭게 추가하였다. 이 책의 후기(後記)는 18인의 현대철학자들이 우리 사회에 던지고 있는 화두가 무엇이며, 그것들은 어떤 방식으로 해결되어야 하는 가에 대하여 간략하게 시사해 보았다. 그러나 그것은 대로(大路)가 아니라 '숲길'에 지나지 않으며, 따라서 이 길은 은유적이고 암시적일 뿐이다.

우리 사회가 보다 민주적으로 발전하기 위해서는 법적 제약을 통하여 특권층을 양산하고 그들의 이익을 보호하는 것보다는 무한 경쟁을 펼칠 수 있는 시스템으로 전환시켜 나가는 것이 중요하다. 그러나 이와 같은 논의들은 물론이고 모든 이익 주장과 이익 갈등들까지도 반드시 민주적인 의사소통을 통해서 다듬어져야 한다. 필자는 이 책이 우리 사회에서 좀 더 이성적인 대화가 가능할 수 있는 분위기를 만드는데 일조했으면 하는 마음 간절하다.

그런 의미에서 이 책은 현대철학에 대한 전반적인 이해를 가지려는 사람들에게 이정표의 역할을 할 수 있을 것이다. 철학은 아무리 쉽게 풀어 이야기해도 여전히 어렵고, 제아무리 간단하게 정리하더라도 복잡한 문제의식이 얽혀 있는 것이 사실이다. 따라서 이 책에서는 우리사회의 사유지형에 막강한 영향력을 발휘하고 있는 사상가들의 생각을 간략하고 쉽게 정리함으로써, 전문가로부터 학생들과 일반인 모두에게 도움이 될 수 있도록 배려하였다.

2009년 3월 10일

무거동 연구실에서

김 진

■ 차례

서론: 현대철학의 흐름

현대철학은 근대철학의 정점이었던 헤겔 사후에 마르크스, 프로이트, 니체의 등장과 더불어 시작된다. 이 세 명의 철학자들은 동시대를 풍비하면서 '해체'라는 개념을 특징적으로 내세웠다. 독일 관념론은 마르크스에 의하여 물질론적으로 해체되고, 니체에 의하여 가치론적으로 해체되었으며, 프로이트에 의하여 정신분석학적으로 해체되었다. 이념, 절대정신, 의식을 중시하였던 철학은 이제 물질, 지상적 가치, 무의식의 철학으로 변형되고 말았다.

현대철학의 주요 흐름으로는 현상학, 실존주의, 사회비판이론, 해석학, 분석철학, 포스트모더니즘을 들 수 있다. 이와 같은 철학사조들은 인간과 사회현상을 저마다의 독특한 방식으로 관찰하여, 진단 및 처방을 내리고 있다. 따라서 그것들은 동시에 학문방법론으로서 기능하기도 한다. 그러나 이러한 진단과 처방에도 불구하고 그 모든 사조들은 자체적인 한계를 가지고 있으며, 따라서 언제나 또 다른 새로운 철학의 출현을 기대할 수밖에 없는 것이다. 철학은 근본적으로 막힌 길을 열고자 하는 지적 열망으로 가득 차 있으며, 현대인 역시 동일한 운명을 안고 살아갈 수밖에 없다.

여기에서는 우리 한국 사회에서 지대한 영향을 끼치고 있는 현대철학자들을 보다 쉽게 접근할 수 있도록 현대철학의 주요 흐름을 일별하는데 그칠 것이다.

1) 현대철학의 태동: 마르크스, 니체, 프로이트

우리는 근대와 현대를 구분하는 척도가 되는 철학자로서 임마누엘 칸트(Immanuel Kant 1724~1804)와 칼 마르크스(Karl Marx 1818~1883)를 생각할 수 있다. 그들은 각각 철학에서의 혁명을 시도하였다. 칸트는 '코페르니쿠스적인 전회'를 통하여 지식이론의 혁명을 꾀하였고, 마르크스는 변증법적 유물론으로 사회혁명을 시도하였다. 칸트는 인식주관이 객관적 대상을 규정하게 되면서 경험 내용을 산출하게 된다는 선험철학을 확립하였다.

여기에 대하여 방법론적인 이의를 근본적으로 제기한 사람이 바로 마르크스이다. 그는 칸트와는 반대로 객관적 대상구조가 인간의 의식구조를 규정한다고 주장하였다. 이것은 지금까지의 모든 관념론 철학이나 주관성을 강조하는 칸트의 선험철학에 대한 유물론적 반란인 동시에 철학의 변형을 의미한다.

먼저 마르크스는 칸트철학에서의 유아론적인 인식구조를 역사화하고 사회화한다. 다시 말하면 주관과 객관의 구조를 사회 경제사적인 물질구조(하부구조)와 종교 정치적인 의식구조(상부구조)로 확대 해석한 것이다. 마르크스는 "물질적 생활의 생산양식은 사회적, 정치적, 정신적 생활과정 일반을 제약한다. 인간의 의식이 그 존재를 규정하는 것이 아니고 인간의 사회적 질서가 그 의식을 규정한다."(『정치경제학 비판』 서문) 라고 강조하였다. 현행 이데올로기로서의 상부구조는 하부구조의 유물변증법적인 운동과 변화에 의하여 혁명적으로 전환된다. 그리하여 마르크스에서의 철학은 이론이나 체계가 아니고 실천과 혁명으로 변형된다. 그러므로 이제 철학의 사명은 단순하게 세계를 '해석'하는 데 있지 않고 그 세계를 바르게 '변혁'하는 데 있다.

현대철학이 태동하는 시점에서 마르크스와는 전혀 다른 방식으로 철학의 혁명을 시도한 사상가들로서 우리는 프리드리히 니체(Friedrich Nietzsche 1844~1900)와 지그문트 프로이트(Sigmund Freud 1856~1939)를 생각하게 된다. 니체는 2천여 년 동안 서구사상의 중심 전통으로 자리 잡아 왔던 소크라테스주의와 기독교의 융합 문화를 그 근본에서부터 뒤흔들었던 철학자였다. 그로부터 '신의 죽음'의 철학이 시작되었고, 문화비판이 담론의 키워드로 자리잡게 되었다. 그리고 특히 '진리'의 개념은 이데올로기이자 환상에 지나지 않은 것으로 추락하였다. 전통문화와 전통가치에 대한 비판은 우리가 흔히 참되거나 옳다고 믿은 것들에 대한 신뢰를 여지없이 붕괴시키고 말았다. 따라서 그는 도덕까지도 단순히 감정의 기호 언어에 지나지 않은 것으로 이해하여, 기존의 도덕을 노예도덕이라고 비판하였다.

프로이트는 정신분석학의 가치를 내세우면서 기존의 이성 중심주의에 치명적인 일격을 가하였다. 이성, 합리성, 의식 등의 개념들은 이제 충동, 욕망, 비합리성, 무의식 등의 개념들에 의하여 그 권좌를 빼앗기고 말았다. 의식과 무의식 가운데서 주도적인 것은 무의식이다. 무의식이 의식을 규정하고 지배하는 것이다. 이는 물질적인 것이 정신적인 것을 규정한다고 분석하였던 칼 마르크스와 같은 맥락에 있으며, 기존의 전통과 가치를 송두리째 부정해버리는 니체의 망치를 방불케 한다. 마르크스, 니체, 프로이트의 출현과 함께 현대는 시작되었으며, 그들과 함께 현대철학의 주도적인 경향성, 즉 포스트모더니즘이 출현하게 된 것은 필연적 운명이었다.

2) 현상학

현상학은 칸트의 선험철학의 정신을 보다 더 엄밀한 인식론으로 발달시킨 철학이론이다. 현상학의 창시자는 에트문트 후설(Edmund Husserl 1859~1938)이다. 현상학은 모든 선입견이나 편견을 배제하고서 사태를 있는 그대로 바라보는 순수 직관의 태도를 선호한다. 후설은 현상학을 어떤 철학자의 사상이나 과학주의에도 의존하지 않은 철저한 무전제성의 원리로부터 수립하고자 하였다. 그는 우리의 의식 속에 일차적으로 주어지는 실재적인 현상 자료들을 아무런 선입견 없이 확보하려는 시도를 '현상학적 환원'이라고 불렀다. 어떤 상위적인 전제조건이나 선입견 없이 모든 사태를 있는 그대로 구성하고자 했던 것이다.

후설은 본질 직관의 가능성 조건으로서 순수한 사유 작용(noesis)과 사유 내용(noema)을 제시하였다. 이와 같은 인식 기제는 칸트에게서 얻은 것이다. 그러나 후설은 칸트에서 사물 자체의 문제를 의식 안에 유입된 사물적인 것으로 대체함으로써, 칸트보다 덜 실재론적으로 되었으며, 그것은 결국 후설 자신이 강조한 선험적 주관성을 유아론적 독단주의라고 비난받을 수 있는 빌미가 되었다.

모리스 메를로 퐁티(Maurice Merleau-Ponty 1908~1961)는 후설이 나중에서야 자신의 약점을 보완하기 위하여 도입한 '생활세계'(Lebenswelt)의 개념을 바탕으로 자연과 인간 의식의 관계를 새롭게 규정하고자 하였다. 그가 말하는 지각의 현상학은 사실상 신체의 현상학이다. 우리의 의식은 그 때마다 세계와 관계하고 있으며, 그것을 매개하는 것은 바로 우리 자신의 신체이다. 신체는 순수한 사물도 아니고 순수한 의식도 아니다. 신체는 그 둘을 매개한다. 따라서 신체를 통하여 인간은 세계와 더불어 존재한다. 인간은 세계와 대립하는 것이 아니라 세계 신체의 일부로서 존재한다. 우리의 신체나 대상 존재들은 세계 신체들 속에서 보이는 부분들이고, 그것들은 보이지 않은 부분들을 배경으로 하는 한에서 그 각각의 존재들이 성립할 수 있는 것이다. 퐁티는 이처럼 보이지 않은 부분들을 '야생의 존재'라고 불렀다.

막스 셸러(Max Scheler 1874~1928)는 현상학을 윤리학과 문화철학, 그리고 종교철학의 영역에 적용하였다. 그는 현상학을 바탕으로 칸트에 의하여 형식주의로 귀결되었던 윤리학을 실질적인 가치서열들을 규정하는 윤리학으로 새롭게 구축하고자 하였다. 그는 윤리적 가치를 초월적으로 존재하는 것이 아니라 인격과 결부된 감정을 통하여 드러나는 것으로 파악하였다. 셸러는 인간을 '사랑하는 존재'(ens amans)로 파악하는 동시에 그 완성태를 하느님의 사랑에서 찾으려고 하였다. 여기에서 하느님의 존재는 칸트에서처럼 요청적 존재가 아니라 가톨릭 신앙에서의 살아있는 하느님이다. 따라서 그에게 하느님의 이념은 최고의 가치로서 기능한다.

3) 실존철학

현대철학의 꽃은 실존철학이다. 실존의 발견은 현대철학에서의 가장 중요한 성과일 것이다. 이로써 존재의 철학은 실존의 철학으로 급선회한다. 물론 과거에도 실존의 문제가 거론되기는 하였다. 그러나 그것은 어디까지나 존재와 본질의 개념 규정에서 제기되었으며, 따라서 인간의 고유 존재를 실존이라는 독특한 개념으로 기술하려는 노력과는 엄연히 다르다고 보아야 할 것이다.

실존적 사유는 덴마크 태생의 철학자 죄렌 키에르케고르(Søren Aabye Kierkegaard 1815~1855)로부터 활발하게 전개되었다. 그는 기독교 신앙을 자기 자신의 방식으로 정립하는 과정에서 '하느님 앞에 홀로 선 단독자' 또는 '거꾸로 선 활자'로서의 실존 개념을 개발하였다. 여기에서 그는 추상적, 본질적, 초월적, 영원적인 존재 차원과 대비되는 구체적, 실존적, 현실적, 시간적 존재 차원의 의미를 부각시켰다. 키에르케고르는 인간 존재를 무한성과 유한성, 시간성과 영원성, 자유와 필연의 종합으로써 파악하였다. 그러나 이와 같은 종합만으로 자기 자신의 존재가 실현되는 것은 아니다. 인간은 자유를 실현하는 한에서만 참된 그 자신이 될 수 있기 때문이다.

키에르케고르는 인간 실존을 세 가지 유형으로 구분한다. 감성적 실존의 단계는 자기 자신의 존재를 발견하지 못한 채 감각적 쾌락에 빠져 있는 상태를 말한다. 여기에서 삶의 기본 정조는 절망으로 나타난다. 그러나 이 경우에 단독자가 자기 자신의 존재를 선택할 경우에 그는 윤리적 실존의 단계로 진입한다. 그는 결단의 주체로서 자신의 자유를 선택하고 진지한 삶을 살고자 한다. 그러나 인간은 죄의 상태에 있기 때문에 윤리적으로 이상적인 삶을 살 수 없다는 사실을 깨닫게 되면서, 종교적 실존의 단계로 비약하게 된다. 하느님이 인간이 되었다는 사실은 영원한 것이 시간 속으로 왔다는 하나의 역설적 사건을 뜻하며, 그것을 받아들이는 것이 신앙이다. 신앙을 가질 경우에 인간은 하느님께 무조건 복종하게 된다. 하느님 앞에 홀로 선 단독자가 되는 것이다.

칼 야스퍼스(Karl Jaspers 1883~1969)는 키에르케고르와 니체의 영향을 강하게 받았다. 야스퍼스의 실존 개념은 본질적으로 자기 자신을 형성하는 모든 것을 가리킨다. 학문적으로 나 자신의 존재를 파악할 수는 없다. 실존의 자기 존재는 그 자신의 고유한 가능성을 내면화하는 경우에 비로소 그 본래적인 모습을 드러내는데, 야스퍼스는 이를 실존해명(Existenzerhellung)이라고 불렀다. 인간의 현존재는 자연적, 문화적, 역사적인 제약 아래 있으며, 그와 같은 조건들 속에서 죽음, 투쟁, 고통, 죄와 같은 한계상황에 직면하게 된다. 인간은 이와 같은 자극을 통하여 자기 존재를 발견하게 되며, 타자 존재와의 의사소통을 통하여 자신을 보다 분명하게 깨닫게 된다.

실존은 타자 존재에로의 초월을 통하여 자기 존재의 방향성을 취하게 된다. 따라서 초월은 곧 실존적 자유의 근원인 동시에 가능성이다. 신앙적으로 설명하면 신에게 의지하는 것으로부터 실존의 자유가 존립하는 것이다. 야스퍼스는 이러한 초월을 모든 존재의 근원이자 모든 포괄자들의 포괄자로 규정한다. 실존은 자신 속에 내재된 암호(초월의 언어)를 통하여 초월을 경험할 수 있고, 그러한 암호가 해독됨으로써 초월의 의미가 실존에게 전달될 수 있다. 초월과 실존의 의사소통은 신과 신자들 사이의 소통과 유사한 구조를 가지고 있다.

마르틴 하이데거(Martin Heidegger 1889~1976)는 후설의 제자로서 스승의 현상학을 독자적으로 해석하여 현존재 분석을 시도하는 기초존재론을 수립하였다. 하이데거는 인간 실존을 현존재(Dasein)로 파악하였다. 현존재란 존재의 의미가 바로 '거기'(da), 즉 그 자신 속에 드러나는 존재를 말한다. 이와 같은 현존재는 존재적으로 세계 속에 존재하는 존재자이며, 존재론적으로 유일하게 세계 속에서 존재 이해를 가지고 존재하는 존재자이다.

세계내존재로서의 현존재는 언제나 이미 그리고 항상 어떤 정조, 즉 분위기(Befindlichkeit)에 젖어 있으며, 세계의 의미연관이나 자신의 본래적인 가능성을 알려주는 이해(Verstehen)라는 방식으로 존재한다. 이와 같은 현존재의 기본 구조는 심려(Sorge)이다. 현존재는 세계 속에 있는 다른 모든 존재자들에 대하여 마음을 쓰는 방식으로 존재하고 있다. 이와 같은 현존재는 자신의 의지와 관계없이 이 세계 속에 내던져져 있는 존재이지만, 동시에 그는 일상적인 상태에서 자신의 본래적인 가능성을 발견하기 위하여 기획하는 존재이기도 하다.

그런데 현존재를 일상적인 상태에서 본래적인 상태로 이행하게 하는 것은 불안이며, 그것은 인간이 죽음에의 존재라는 사실로부터 기인되는 현상이다. 죽음은 인간 존재를 불시에 아무것도 아닌 존재로 만들어버릴 수 있다. 인간은 죽음이라는 현상 앞에서 자지 자신의 본래성을 터득하게 되면서 새로운 삶을 살기 위하여 결단하는데, 이를 선구적 결의성(vorlaufende Entschlossenheit)이라고 한다. 자신이 죽는다는 미래적 사실은 일상 속에서 살아온 과거의 삶을 돌아보게 함으로써 새롭게 살아야겠다는 현재적 결단이 생겨나게 되는 것이다.

그러나 하이데거는 시간과 공간 속에 드러난 것은 존재 그 자체가 아니라 단지 그것이 드러난 현상에 지나지 않는다는 사실을 깨닫게 된다. 따라서 자신의 현존재 분석에 의하여 존재 그 자체의 모습이나 존재의 의미가 온전하게 드러나지 않는다는 사실을 체득한 것이다. 그래서 하이데거는 실존 분석 대신에 존재 그 자체가 우리에게 나타나는 방식을 문제 삼게 된다. 이처럼 하이데거의 후기사상으로 인도하는 방향전환을 우리는 '전회'(Kehre)라고 부른다.

존재의 의미는 인간의 지성적인 노력을 통하여 파악할 수 있는 것이 아니다. 우리들 인간은 오히려 존재 그 자체에 의하여 존재의 진리 앞으로 인도되는 것이다. 존재는 '현'존재에게 '거기'(現)를 통하여 자신의 모습을 드러내고, 말을 건네 온다. 따라서 현존재, 즉 인간은 존재가 그 모습을 드러내는 곳이다. 그러므로 인간이 만일 존재의 진리를 생각할 수 있다면, 그것은 바로 현존재의 한계를 벗어남(脫Ek-存sistenz)으로써 자신을 초월해야만 가능할 수 있다.

존재 자체가 빛(Licht)이고, 세계를 밝히는 것(Lichtung)이고, 빛을 받은 모든 존재자를 이끌어가는 빛의 사건으로 파악하는 것은 바로 이 때문이다. 그와 같은 빛을 받아들일 수 있는 유일한 존재자로서 현존재는 의미를 갖게 되며, 인간은 존재가 거주하는 집, 즉 언어를 통하여 존재의 진리에 다가설 수 있으며, 그렇게 함으로써 인간의 존재의 진리에 속할 수 있게 된다. 이처럼 하이데거의 후기사상은 언어신비주의 사상으로 전개되었으며, 존재의 신비는 시(詩, Dichtung)의 근원적인 말함을 통하여 드러낸다. 그것(존재)은 스스로 말한다.

4) 사회비판이론

사회비판이론은 프랑크푸르트학파(Frankfurtschule)에 의하여 주도되었던 철학이론이다. 호르크하이머(Max Horkheimer 1895~1973)가 1930년에 프랑크푸르트 대학의 사회조사연구소 소장으로 취임하고, 거기에 아도르노와 마르쿠제가 참여하면서 성립된 이 학파에서는 주로 철학의 비판적 기능을 통하여 전통적인 체계철학과 전체주의 및 선진 산업사회 이론을 거부하려고 하였다. 체제 안에서 이론의 수정이 아니라 체제 자체의 근본적인 비판을 수행하고자 한 것이다. 따라서 이들 학파를 사회비판이론이라고 부르게 되었다.

마르쿠제(Herbert Marcuse 1898~1979)는 자본주의 사회가 풍요하고 발전된 기술사회이지만, 동시에 인류의 해방을 저해하고 억압하는 전체주의적 지배구조(일차원적 사회)를 전제한다고 지적하였다. 이 경우에 구성원의 행복과 해방을 얻기 위해서는 현존하는 사회구조를 전면적으로 변혁하는 것이 필요하다. 마르쿠제는 이를 새로운 인간상의 수립을 위한 '위대한 거부'로 이해하고자 하였다.

아도르노(Theodor W. Adorno 1903~1969) 역시 철학의 과제를 현존 사회의 전체적인 구조나 현실연관, 특히 자본주의나 사회주의 체제 등을 비판함으로써, 그 지배적이고 주도적인 것들 속에서 부정적으로 작동되고 있는 작고 개별적인 것(minima)의 의미를 발굴하기 위하여 부정의 변증법(negative Dialektik)을 제안하였다. 이 경우에 부정이란 체계적이고 적극적인 것들을 비판하고 지양하는 반체계적인 것들의 변증법적 응집력이다. 그는 개별적인 것이 체계의 밖에 있다고 보면서, 그 속에 함축된 부정의 힘만이 체계 비판의 근거가 된다고 보았다.

위르겐 하버마스(Jürgen Habermas 1929~)는 프랑크푸르트학파의 후기를 대표하는 철학자이다. 하버마스 역시 비판적 학문은 해방적 관심에 의하여 유지된다는 사실을 강조하였으며, 합리적인 의사소통이나 담론에 의한 합의를 추구함으로써 이상사회의 모습을 그리고자 하였다. 그러나 하버마스의 사회변혁 이론은 초기 프랑크푸르트학파 사상가들과 유사하게 혁명적 성격을 지님으로써, 점진적인 사회개혁을 통하여 이상사회를 구축하려는 비판적 합리론자들과 충돌하게 되어, 결국 현대 독일 사회학에서의 '실증주의 논쟁'을 유발하였다.

그러나 이 논쟁은 1930년대에 이미 호르크하이머와 비엔나학파 사이에서 발단되었으며, 1950년대에 이르러서 아도르노와 포퍼(Sir Karl Raimund Popper 1902~1994), 그리고 하버마스와 한스 알버트 사이의 논쟁으로 확대되었다.

비판적 합리주의를 대변했던 포퍼는 '점진적 사회공학'을 바탕으로 '열린사회'(open society) 이론을 제시하였다. 포퍼 역시 전체주의(파시즘)를 비판했지만, 그는 역사주의(유토피아적 사회공학)까지도 부정하였다. 그는 열린사회는 자유로운 토론과 정치참여로 지배체제를 피흘림이

없이 교체할 수 있어야 한다고 주장하였다.

이와 반대로 아도르노는 포퍼가 후진국의 왜곡된 정치 경제구조를 외면함으로써 사회혁명의 필요성을 간과하였고, 역사적인 목표 설정까지도 부정함으로써 희망적인 미래 사회의 지향 이념을 유린하였다고 비판하였다. 그는 포퍼가 말하는 열린사회 이론이 세계의 현실 정치구조에서 검증될 수 있는가에 의문을 제기하였다.

이 두 사람의 논쟁은 이상사회의 실현 가능성 조건에 대한 방법론적 갈등을 내용으로 한다. 그것은 이상사회가 점진적 개혁이나 진화에 의한 것인지, 아니면 혁명적인 방법을 필요로 하는지에 대한 문제이다. 그러나 이것은 우리가 현재 상태를 어떻게 이해하는가에 따라서 달라질 수 있다. 현실에 대한 정확한 진단을 전제로 할 경우에만 개혁이나 혁명과 같은 방법을 생각할 수 있기 때문이다.

5) 해석학의 철학

해석학(Hermeneutik)은 후설이 현상학(Phänomenologie)에서 무전제성의 원리를 바탕으로 엄밀한 학문을 정초하려고 했던 것과는 반대적인 경향성을 가진 학문 태도이다. 해석학은 오히려 여러 가지 유형의 전제들을 기초로 한다.

해석학은 어떤 것, 즉 진리 사태이든지 실제적 사건이든지를 막론하고 매우 복잡한 삶의 구조연관 속에서 이해되어야 한다고 보고 있다. 그것은 경험적인 인식(Erkennen)의 차원을 넘어서서 삶의 세계에서의 이해(Verstehen) 지평을 전제하고 있다.

철학적 해석학은 슐라이어마허(Friedrich Schleiermacher 1768~1834)에 의하여 발전되었다. 그는 19세기 독일의 개신교 철학자로서 플라톤 전집의 독일어 번역으로 매우 유명하다. 또한 그는 종교를 이성이 아닌 감정의 측면에서 접근함으로써 무한자와의 합일(合一) 현상으로 파악하였으며, 신앙을 '절대의존의 감정'으로 규정하였다. 해석학은 그의 성서연구 방법론으로서 매우 중요한 철학적 관점이기도 했다.

딜타이(Wilhelm Dilthey 1833~1911)는 해석학의 체계를 집대성한 철학자이다. 그는 정신적 현상들에 대한 경험과학적 기초를 확립하고자 하였으며, 이를 바탕으로 자연과학으로부터 정신과학의 독자성을 기술하고자 하였다. 그는 칸트가 이성비판을 시도한 것처럼 역사이성 비판에 착수하였다. 딜타이는 삶(Leben)의 현상을 중시하였으며, 그것은 각자 개인의 것이 아니라 하나의 총체적 연관이다. 그는 삶의 총체성은 자연과학적 인식론으로서는 파악될 수 없으며 체험, 표현, 이해의 범주를 통해서만 그 의미구조를 알 수 있다고 보았다.

해석학의 전통에서 독보적인 사람은 바로 하이데거이다. 그는 후설의 현상학을 해석학적으로 변형하여 현존재분석 또는 기초존재론을 수립하였으며, 그의 사상은 가다머(Hans Georg Gadamer 1900~2002)에게 결정적인 영향을 주었다.

가다머는 우리의 경험이 언어에 기초하고 있으므로 진리 역시 언어로만 표현될 수 있다고 보았다. 이 언어에는 인간의 역사가 포함되어 있다. 인간이 역사를 해석하기 위해서는 인간과 역사의 변증법적 과정이 요구된다. 그리하여 가다머는 해석학을 정신과학의 인식론이나 이해의 방법(이해의 기술)이 아닌, '진리의 경험'으로 이해하였다.

진리경험은 과학적 영역을 넘어서서 어디에서나 가능하며, 이러한 해석학적 경험은 보편적인 것이다. 해석학적 경험은 이해의 역사성 안에서 이루어지며, 바로 여기에서 하이데거가 강조했던 해석학적 순환이 발생한다. 가다머는 이를 바탕으로 하여 '이해의 선-구조' 또는 '해석학적 지평'과 '영향사의 원리'를 주제화 하였다. 이것은 가다머가 이해 자체를 하나의 역사적 사건으로 파악했다는 것을 의미한다. 역사를 이해하는 우리는 언제나 이미 역사 속에 살고 있으며, 그 역사 속에서 규정되어 있는 의미지평 위에서 어떤 것을 이해하는 것이다. 따라서 이해라는 사건은 객관적인 역사에 나타난 의미내용과 그것을 바라보는 이해주체의 의미지평이 서로 융합하는 가운데서 발생한다. 이것이 바로 가다머 철학의 핵심이다.

역사적 전통 속에 형성되어 있는 의미지평과 이해 활동을 주체적으로 수행하는 사람의 의미지평이 영향사적인 이해 속에서 '지평융합'을 이룬다는 것이 가다머 해석학의 주요 골자이다. 그는 지평융합의 사태에서 주도적으로 기능하는 것은 해석학적 이해의 '선-구조'로서의 '선입견'이라고 보았다. 여기에서 선입견이란 잘못된 생각을 뜻하는 것이 아니다. 그것은 선이해와 같은 것이다.

선입견은 전통이나 권위를 통하여 역사적 지평을 이루고 있으며, 학문적으로는 아직 반성되지 않은 이해이다. 그러나 이러한 선이해는 지평융합을 가능하게 하는 전제이며 단초가 된다. 그리고 그것은 이해 과정에서 검토되어 수정, 변형될 수 있다. 이처럼 이해는 역사적인 의미지평에서의 선입견을 통하여 작동되고, 그 가운데서 가장 결정적인 기능을 하는 것이 언어이다. 가다머는 영향사적 지평융합 사건을 언어적인 매개과정과 같은 것으로 생각하였다. 과거 지평과 현재 지평의 융합은 대화 수행의 형식으로 이루어지기 때문에, 언어는 해석학적 경험의 중요한 매체가 된다. 언어는 해석학적 존재론의 근본지평이다.

가다머의 전통 우위적인 해석학의 철학에 대하여 하버마스는 비판적인 태도를 취하였다. 1967년에 발표한 『사회과학의 논리』 이후에 하버마스는 지평융합에서의 선입견보다는 이성의 '비판'이나 '반성' 작용의 우위성을 주장하였다. 전통이나 선입견은 해석학적 지평에서 토대를 이루는 것은 사실이지만 절대적인 권위를 부여해서는 안 된다는 것이다. 하버마스는 체계적으로 왜곡된 의사소통의 구조에서는 전통이나 선입견의 권위 자체가 억압적인 이데올로기이자 독단일 수 있으므로, 해석학의 우선적인 과제는 '이데올로기 비판'에 있다고 보았다.

하버마스 역시 해석학적 과정에서 언어의 중요성을 인정하지만 하이데거나 가다머에서처럼 언어의 존재론화보다는 의사소통적 합의 도출을 위한 노력을 더 중시하였다. 하버마스는 아펠의 선험화용론과 논의공동체 이론을 수용하여 외부적인 강제력이 전혀 없는 이상적인 삶의 세계를 지향하면서 최선의 합의 도출을 시도하는 보편화용론 또는 의사소통공동체 이론을 정립하였다.

6) 분석철학

분석철학은 현대 영미철학계에서 광범위한 지지를 받아 엄청난 영향력을 행사해 왔지만, 지금은 포스트모더니즘에 흡수되어 그 고유한 영향력을 발휘하지 못하고 있다.

분석철학의 형성에 가장 결정적인 영향을 주었던 철학자는 루트비히 비트겐슈타인(Ludwig Wittgenstein 1889~1951)이다. 그의 『논리철학논고』(Tractatus logico-philosophicus 1919)는 분석철학적 사유의 모범으로 평가된다. 비트겐슈타인은 철학을 하나의 '활동', 즉 말할 수 있는 자연과학적 명제들에 대한 '언어비판'의 활동으로 생각하였다. 그러므로 철학의 목표는 생각들을 논리적으로 명료화하는 데 있다.

이 책에서 그는 "세계는 사실로 이루어진 모든 것이다." 라고 규정한다. 비트겐슈타인은 세계를 존재 사물들의 전체로 파악하지 않고 '사실들의 전체'로 이해하였다. 세계는 사물들과 사물들의 조합인 사태들(Sachverhalten)로 구성되어 있으며, 그것들은 각각 명제들과 1대1의 대응관계에 있다. 여기에서 그는 경험적 사태와 관련된 자연과학적 진술들만이 의미 있는 것이고, 자아와 세계와 신과 같은 명제들처럼 신비스러운 것들은 그 경계 밖에 있다고 주장하였다. '삶의 문제'는 철학적 분석의 대상이 될 수 없으며, 따라서 그는 "말할 수 없는 것에 대해서는 침묵해야 한다." 라고 단정하였다.

그러나 비트겐슈타인은 그의 대표적인 후기저술인 『철학적 탐구』(Philosophische Untersuchungen 1953)에서 초기의 언어 이론을 대폭 수정한다. 언어나 사물, 사태와 같은 실재에 대응하는 그림이라고 생각했던 차원을 넘어서서 실제로 언어놀이를 통하여 그 언어의 의미 기능을 깨달아 간다는 사실을 발견했던 것이다. 그의 이러한 생각은 "철학이라는 전체 구름은 모여서 한 방울의 언어 이론이 된다." 라는 말 속에 잘 드러나 있다. 언어의 의미는 특정된 것이 아니다. 그것은 오히려 삶 속에서 언어를 실제로 사용하면서 규칙과 의미에 접근하게 된다. 따라서 그것은 비트겐슈타인이 '가족 유사성'(Familienähnlichkeit)이라고 부른 것처럼 본질적 정의가 아닌 유사 구조만을 보여줄 뿐이다.

비트겐슈타인은 철학은 "언어를 수단으로 하여 주술에 걸리게 하는 것에 대항하는 투쟁이며, 그 목적은 '파리가 병에서 빠져 나오도록 출구를 보여주는 것'이다." 라고 규정하였다. 그러나 그는 철학 자체도 올라간 후에는 쓸모없게 되는 사다리와 같은 도구에 지나지 않는다는 사실을 환기시켰다. 세계와 그 한계는 오직 언어를 통하여 논리적으로 언표될 수 있다. 그러나 말할 수 없는 신비는 학설로써 언표되는 것이 아니고 활동을 통하여 보여질 뿐이다.

비트겐슈타인은 언어의 명료화를 철학의 제일 과제로 삼았다. 그와 같은 철학적 시도는 프레게(Gottlob Frege 1848~1925)에서도 찾아볼 수 있다. 프레게 역시 철학은 지식의 증진보다는 지식의 논리적 명료성을 획득하는데 주력해야 한다고 믿었다. 이와 같은 그의 생각은 슐리크(M. Schlick), 카르납(R. Carnap), 베르크만(G. Bergmann), 파이글(Feigl), 노이라트(O. Neurath), 바이스만(F. Waismann), 괴델(Gödel) 등이 주도한 비엔나학파를 통하여 논리실증주의 운동으로 전개되었다.

1922년에 마하(E. Mach)의 후임자로 비엔나 대학에 취임한 슐리크는 비트겐슈타인의 입장을 수용하여 철학은 명제의 명료화를 매개로 한 의미발견의 활동이라는 생각을 펼쳐 나갔다. 이들은 비트겐슈타인의 초기 사상에 입각하여 이 세계의 모든 사태들을 프로토콜 명제로 환원하여 재구성할 수 있고, 모든 사태들을 이상언어로 번역할 수 있다고 믿었다. 그리고 '검증가능성의 원리'를 명제의 의미를 판별하는 기준으로 삼았다. 그러나 검증가능성의 원리는 근본적으로 실험과 관찰을 근거로 한 귀납주의를 채택하고 있어서, 그것을 벗어나는 사태들에 대해서는 아무런 해결책을 제시하지 못하는 한계를 안고 있었다.

논리실증주의의 한계를 결정적으로 지적한 사람은 바로 칼 포퍼(Karl Popper 1902~1994)였다. 그는 우리가 경험한 특수 명제들로부터 법칙을 도출하여 아직 경험하지 못한 특수 사례들까지를 일반화하는 것은 부당하다고 생각한다. 그는 검증이론과 귀납주의 대신에 반증이론을 대안으로 제시하였다. 어떤 이론이 앞으로 거짓으로 판명될 수 있다는 사실을 중시한 것이다. 그는 모든 과학 이론은 반증 가능하며, '추측'과 '반박'을 통하여 객관적 진리에로 접근해 간다. 그가 말하는 '객관적 지식'의 성장 이론은 진화론적이다. 모든 과학 명제들은 문제 발견, 가설, 비판의 과정을 거치며, 그 과정에서 도태되거나 보다 세련되게 발전될 수 있다. 따라서 모든 과학적 지식은 그것이 반증되지 않는 한에서만 의미 있게 작동될 수 있다.

포퍼의 반증이론은 다시 쿤(Thomas Kuhn 1922~1996)에 의하여 비판받았다. 그는 하버드대학에서 물리학을 공부한 이후 과학사로 넘어갔다. 1962년에 발표한 그의 주저 『과학혁명의 구조』에서 패러다임 개념을 바탕으로 '과학혁명' 이론을 제시하였다. 패러다임이란 어떤 과학자 사회의 구성원들이 공동적으로 가지고 있는 신념과 가치체계이다. 쿤은 이 패러다임의 변화는 점진적으로가 아니라 혁명적으로 이루어진다는 것이다.

과학자들은 경쟁적인 과학 연구 활동에서 가장 포괄적이고 경쟁력 있는 이론체계를 패러다임으로 받아들이면서 '정상과학'이 형성된다. 모든 현상들은 정상과학에 의하여 지지되는 정합성의 체계 속에서 설명되지만, 그 안에서 해결되지 않은 문제들은 잠정적으로 유보해 둔다. 그러나 기존의 정상과학 패러다임으로 설명될 수 없는 수많은 '이상현상들'이 나타날 경우에, 이론들이 난립하게 되면서 정상과학의 위기가 초래된다. 따라서 과학자들은 문제를 가장 포괄적으로 해결해 줄 수 있는 새로운 패러다임을 확정하게 되는데, 그것은 과학자들의 집단적 동조와 개종을 바탕으로 '혁명적'으로 이루어진다는 것이다.

'패러다임' 개념은 모호하고 다의적이라는 비판에 직면하여 쿤 스스로 1969년에 철회를 표명하였으나, 학계에서는 이미 고전적인 개념으로 자리 잡은 후였다.

7) 포스트모더니즘의 철학

포스트모더니즘(postmodernism)은 모더니즘에서 파생된 개념이다. '모던'(modern)이라는 말마디를 우리는 일반적으로 '근대'라고 생각하지만, 그것은 본래 '현대'를 뜻하는 말이다. 전통적인 것을 탈피하려는 의지가 숨어있기 때문이다. 철학사에서 볼 때, 중세 전통에서 새것을 갈구하였던 새 시대(Neuzeit)는 이성과 합리성, 전체성, 통일성, 동일성, 객관성, 진리(합의) 등을 주된 가치로 삼았다. 그런데 '중세의 현대'라고 할 수 있는 근대를 지양하려는 정신 운동을 통하여 근대(현대) 이후의 중심적 가치에 놀라운 변화가 생겨나기 시작하였다. 이 새로운 시대에는 이성보다는 감성(감정), 전체성보다는 개체성, 통일성보다는 다양성, 동일성보다는 상이성, 객관성보다는 주관성, 진리(합의)보다는 비진리(개성) 등이 더 중요한 가치로 부각되었다. 우리는 이러한 가치 증후군적 특징을 통상적으로 포스트모더니즘 또는 탈현대주의라고 부른다.

이러한 변화가 가능하게 된 것은 두 차례의 세계대전과 전체주의의 폐단을 겪고 나서 실존적 가치의 중요성을 체감했던 것도 결정적인 요인이겠지만, 철학사적으로 프로이트, 니체, 하이데거, 비트겐슈타인 등의 철학사상이 가치의 전도를 도발했기 때문일 것이다. 프로이트는 인간을 지배하는 것은 의식이 아니라 무의식이라는 사실을 보여주었고, 니체는 이성이나 절대정신이 아닌 권력에의 의지가 본래적이라고 주장하였다. 하이데거는 기존의 철학사를 존재망각의 역사라고 진단하면서 인간 실존을 중심으로 새로운 존재론을 수립하려고 하였으며, 비트겐슈타인은 존재사실에 대한 본질철학을 부정하고 사태들의 가족유사성을 다루고자 하였다.

사회사적으로 접근할 경우에 포스트모더니즘은 후기산업사회, 소비사회, 다원주의사회 등으로 새롭게 변화되어 가는 현대인들의 삶의 지평을 기반으로 하고 있다. 후기 자본주의 사회에서는 대량생산과 대량소비를 통하여 인간 자신이 물신화 되는 위험에 직면하게 됨으로써 인간성의 회복을 담보할 수 있는 다양한 사유실험이 전개되고 있다. 그와 같은 유형의 공통된 특징은 권위적 이성과 전통의 억압으로부터 탈피하는 것이다. 따라서 포스트모더니즘은 계몽주의의 거대 담론과 엄숙한 신성주의로부터의 탈출을 선호한다.

포스트모던적 사유는 파리 제8대학의 철학교수를 지냈던 리오타르(Jean-François Lyotard 1924~1998)에 의하여 구체화되었다. 그는 후기산업사회를 설명하려는 연구에서 '포스트모던'이라는 용어를 철학에 도입하였다. 그는 한 때 후설의 영향을 받기도 했으나 사회주의 운동과 68학생운동에 관여하기도 했다. 1980년대에 본격적으로 포스트모더니즘 운동에 참여하였으며, 1979년에 주저 『포스트모던적 조건』을 발표하였다. 그는 이 정부 보고서에서 모든 지식활동은 자본에 의하여 구속받고 있다는 사실을 폭로하였다.

미셸 푸코(Michel Foucault 1926~1984)는 후기구조주의와 포스트모더니즘을 가장 잘 대변할 수 있는 철학자이다. 그는 철학, 심리학, 정신병리학을 공부하였으며, 철학교수가 된 이후 사상사에 많은 관심을 드러냈다. 이론언어학, 고고학, 정치학 등 여러 분야에 천착하면서 각 시대의 인식 지평과 문화 구조를 형성하고 있는 에피스테메(épistemé)를 규명하기 위하여 혼신의 노력을 기울였다. 에피스테메는 인식이라는 말이지만, 독특한 구조적 관점에서 특징적으로 드러나는 인식 지형으로 이해하는 것이 좋을 듯하다.

특히 그는 고고학적 방법론을 선호하여 전체보다는 그 자신이 선호하는 특정 주제나 현상들에 집중함으로써 그 자신만의 독창적인 사유내용을 기술하고자 하였다. 정신의학 이론과 그 실태를 연구한 『광기(狂氣)의 역사』(1961), 19세기의 병원제도에 대한 연구결과를 출판한 『임상의학의 탄생』(1963), 사물들 사이의 유사성과 관계를 문화적 수용 형태와 관련지어 파악한 『말과 사물』(1966)이 푸코의 독특한 연구 스타일을 보여주는 작품들이다. 이와 같은 푸코의 학문 방법론은 『지식의 고고학』(1969)에 집약되어 있으며, 『감옥의 탄생』(1975)이나 『성(性)의 역사』(1976)에서도 계속 이어지고 있다.

포스트모더니즘을 대표하는 프랑스 철학자로서는 푸코 이외에 데리다(Jacques Derrida 1930~2004)와 들뢰즈(Gilles Deleuze 1925~1995) 등을 들 수 있다. 데리다는 해체(Dekonstruktion)의 방식을 모든 문화 현상에 적용하였으며, 그 과정에서 차연(差緣)이라는 개념을 도입하여 모든 것이 실체(實體)에 속한 개념들이 아니라, 단지 시차적으로만 의미를 가지는 것으로 파악하였다. 불교가 존재론적 실체 대신에 연기(緣起)로 파악하는 것과 유사하다. 들뢰즈 역시 이와 비슷한 생각을 그의 주저 『차이와 반복』(1968)에서 전개하였다.

이처럼 포스트모더니즘의 철학은 기존의 모든 질서를 해체하는 한편, 존재와 본질의 가능성 조건을 원천적으로 부정하는 경향성으로 인하여, 그 본유의 필요 근거까지도 위협받게 되었다. 포스트모더니즘의 가능성 조건에 대한 철학적 물음은 필연적으로 포스트모더니즘의 모더니즘을 요청하기 때문이다. 이것은 결코 쉬운 문제가 아니다. 칸트가 경험론과 이성론을 하나의 체계로 통합할 때 직면했던 문제일 뿐만 아니라, 그보다 훨씬 전에 회의주의자들이 아리스토텔레스의 동일률을 논박할 때 제기되었던 문제이기도 하다. 회의주의자들이 모든 가능한 진리를 부정할 경우에 자신들의 진리 주장 역시 불가능하게 된다는 역설 앞에서의 당혹감이 지금 포스트모더니즘의 머리 위에도 유령처럼 떠다니고 있다. 그것을 극복하는 것이 바로 우리 현대인들의 철학적 과제이다.

1. 알프레드 화이트헤드

"모험없는 문명은 결국 쇠퇴한다."

알프레드 노스 화이트헤드(Alfred North Whitehead 1861~1947)는 영국 태생으로서 20세기 최대의 수학자이자 철학자로 평가되는 사상가이다. 그의 가문은 퀘이커교파와 성공회에 봉사하였으며, 부친은 사립학교 교장과 성공회 지방 부감독을 겸하였다. 화이트헤드는 이처럼 종교적, 교육적 분위기가 감도는 가문에서 자라났으며, 그리스어와 라틴어 원전을 읽을 수 있을 정도로 탄탄한 고전교육을 받았다.

화이트헤드는 플라톤을 가장 위대한 철학자로 평가하였다. 플라톤 이후의 유럽철학은 그에 대한 각주에 불과하다고 말한 것으로 유명하다. 그러나 그가 심취했던 또 한 사람의 철학자는 독일의 대철학자 임마누엘 칸트였다. 화이트헤드는 『순수이성비판』을 부분적으로 암송할 정도로 칸트에 깊이 빠져들었다. 또한 그가 베르그송의 생명진화론에서의 과정이나 지속 개념을 중시함으로써 수리논리학에서 형이상학으로 진전하게 된 사실도 특기할 만하다. 거기에다가 영국의 대표적인 헤겔학자 브래들리는 그의 사상 형성에 결정적인 영향을 주었다.

화이트헤드 사상의 전개 과정은 케임브리지에서의 수학 및 논리철학 연구, 런던에서의 자연철학 연구, 그리고 하버드에서의 형이상학 연구

로 구분할 수 있다.

화이트헤드는 1880년에 케임브리지 트리니티 칼리지에 입학한 후 1910년까지 30년 동안을 그곳에 머물면서 수학과 기호논리학의 대가로 성장하였다. 그의 처녀작은 『보편대수론』(1898)이었으나, 이 시기의 가장 위대한 성과는 러셀과 함께 저술한 세 권의 『수학 원리』(1910~1913)일 것이다. 화이트헤드와 러셀은 이 책에서 모든 수학 이론들을 소수의 논리적 원리로 환원하려고 시도함으로써, 현대 수학사상사에서 확실한 위상을 수립하였다. 제2권이 출판된 1912년에 비트겐슈타인이 러셀의 문하에 들어오면서, 러셀과 비트겐슈타인으로 연결되는 논리실증주의의 발판이 마련되었다.

화이트헤드는 『수학 원리』 제1권이 출판되던 1910년에 런던으로 옮겼으며, 곧 런던대학에서 응용수학 정교수로 임명되었다. 14년 동안의 런던 생활에서 화이트헤드는 영국수학회 회장, 런던 임페리얼 칼리지 학장, 학술평의회 의장, 대학 이사 등의 주요 공직을 수행하였다. 그 바쁜 와중에서도 아리스토텔레스학회가 주최한 철학토론회에는 반드시 참석하였다. 러셀이 논리철학의 전통에 머물러 있는 것과는 대조적으로 화이트헤드는 수리물리학의 논리적, 형이상학적 기초가 되는 자연과학의 영역으로 철학적 관심을 증대시켜 나갔다. 이 시기에 그는 과학철학의 3부작으로 알려진 『자연인식의 원리』(1919), 『자연의 개념』(1920), 『상대성 원리』(1922)를 저술하였다.

화이트헤드는 자연의 궁극적 실재와 그 구조 관계에 관심을 기울이면서 근대철학을 대표하는 두 사상가, 즉 르네 데카르트와 데이비드 흄의 한계를 극복하고자 하였다. 데카르트는 정신과 물질을 이원화함으로써, 그리고 흄은 사건 계열의 인과성을 부정함으로써 세계 현상의 연속적 과정이 연출하는 자기 동일성의 문제를 파악할 수 없도록 만들었다. 이와 함께 근대사상의 과학적 기초가 되는 뉴턴의 물리학 체계 역시 사물을 특정한 시간과 공간 속에 존재하는 것으로 파악하는 이른바 단순정위의 오류를 범하였다.

그들과는 반대로 화이트헤드는 세계 사태를 고립된 대상들의 집합체가 아닌, '사건'들의 연속체로 파악하였다. 실체적 관점을 지양하고 관계적, 기능적으로 사태를 바라본 것이다. 화이트헤드에 의하면 자연이란 끊임없는 변화 속에서 존속하는 무수한 사건들의 전체적이고도 동시적인 흐름이다. 무수한 관계들이 하나의 사건 속에 들어오고, 그 사건은 다시 무수한 사건들과 새로운 관계를 형성하게 되는 것이다. 지각적 인식 역시 인식하는 주체의 사건과 그 바깥 세계의 사건들이 동시적으로 연계되는 상호연관성의 산물로 이해된다. 단순히 주체(주관)가 객체(객관)를 인식하는 것이 아니다. 주체적 사건과 객체적 사건이 하나로 통합('합생')되어 특정한 '느낌'(feeling)을 산출하게 되는 것, 그것이 바로 그가 말하는 '파악'과 '이해'이다.

화이트헤드는 1924년(63세)에 하버드대학의 철학 정교수로 초빙되는데, 그는 이곳에서 세기를 뒤흔들만한 철학적인 명저들을 잇달아 집필하였다. 그의 저서들 가운데서 가장 많이 알려진 『과학과 근대세계』(1925)를 비롯하여, 『종교의 형성』(1926), 『상징작용』(1927), 『과정과 실재』(1929), 『이성의 기능』(1929), 『교육의 목적』(1932), 『관념의 모험』(1933), 『자연과 생명』(1934), 『사고의 양태들』(1938) 등 주옥과 같은 저작들이 쏟아져 나왔다. 특히 『과정과 실재』는 화이트헤드의 대표작으로서 과정철학과 유기체 철학으로 특징지어지는 그의 형이상학적 사유를 가장 체계적으로 서술하고 있다.

화이트헤드는 17, 18세기의 세계관을 기계론적 사고에 정향된 과학적 유물론으로 규정하면서 주객분열을 전제로 하는 단순정위설과 이원론의 한계를 극복하고자 하였다. 그는 현실을 구성하는 기본 단위를 '사건'(events) 또는 '현실적 존재'(actual entity)로 보았다. 사건은 다른 사건들과 연관되어 있으며, 그 각각의 사건들이 우리들에게 드러나는 방식을 가리켜서 '현실적 계기'(actual occasion)라고 부른다. 물론 여기에는 빛, 소리, 향기, 형태 등 물질의 고유한 특성을 가진 것으로 생각되는 '영원적 객체'(eternal object)가 전제되어 있다. 그러나 이것들은 어디까지나 사건 또는 현실적 계기라는 형태로만 자신들의 가능성을 실현할 수 있다. 그런 사실에서 사건, 즉 현실적 존재는 언제나 하나의 경험 '주체'(subject)이면서 동시에 그 자신을 넘어서는 '자기초월적 주체'(superject)로서 기능하고 있다.

따라서 화이트헤드는 그 자체적으로 고유한 것이란 존재하지 않는다고 보았다. 이 점에서 그의 세계관은 근본적으로 불교의 연기설에 통한다. 실재하는 모든 것은 '과정'(process)으로서 존재하며, 사건들의 연속체 속에서 그때마다 새로운 사건을 연출하게 되는 것이다. 그러므로 현재 순간에 일어나는 사건들은 우주적 연속체의 지평에서 그때마다 새롭게 솟아난 창조성의 산물이다. 이렇게 되면 화이트헤드의 우주론은 화엄사상에서 모든 것이면서 모든 것을 만들어낸다는 화엄불교의 비로자나불과 하나도 다를 바가 없다. 그래서 화이트헤드는 화엄사상과 즐겨 비교되기도 한다.

화이트헤드의 형이상학 체계에서 연속성 또는 자기 동일성이 어떻게 가능한 가라는 문제는 매우 중요하다. 변화와 운동, 즉 상이성 가운데서도 어떻게 존재 사태의 동일성이 확보되는 가의 문제는 현대철학에서 '차연'(差緣)이라는 개념을 만들도록 하였다. 현대 프랑스 철학자들은 그것을 '디페랑'이라고 불렀다. 그러나 이들에 앞서서 화이트헤드는 이미 그런 작업을 수행하였다. 그는 직접적인 과거의 사건들이 현재의 직접성 속에서 연속적으로 영향을 미치고 있는 유기체적 구조 계기로 인하여 자기 동일성이 유지된다고 보았다. 현재 속에는 미래의 어떤 객관적 계기들도 아직 존재하지 않는다. 그러나 미래는 현재의 계기 속에 내재되어 있으며, 현재 사실의 특수한 관계 속에서 이미 실현되어 있다. 이처럼 동일성은 서로 다른 사건들 속에서 연계되어 있는 것이다.

우주의 현실태는 모든 사건들의 결합체가 전진하는 과정 속에서 창조적으로 이루어낸 새로움이다. 그 속에는 인간 문명이 이룩해 온 예술, 도덕, 종교, 과학의 관념들까지도 유기적으로 통합되어 있다. 화이트헤드는 인류의 역사가 성취한 문명의 진보는 관념의 모험에 의한 것이고, 따라서 모험이 없는 문명은 결국 쇠퇴한다고 진단하였다. 그러나 관념의 역사는 동시에 오류의 역사라는 사실까지도 간파하고 있었다. 관념은 잘못된 권력과 유착하여 시행착오를 일으킬 수 있다. 그래서 화이트헤드는 "세계의 창조는 힘에 대한 설득의 승리"라고 말한다. 여기에서 '힘'과 '설득'은 플라톤의 창조설에서 기계적 필연성과 이성적 형상을 뜻한다. 이 우주는 조물주가 질료의 필연성에 형상을 부여하여 창조한 것이다.

화이트헤드는 이제 그런 숭고한 과제를 인류에게 부과하고 있다. 우주는 새로움을 향해 나가는 창조적 진전의 과정이고, 우주의 한 유기적 요소로서 인간은 그러한 우주적 사역에 참여해야 할 책임을 지고 있는 존재라는 것이다. 화이트헤드의 신 개념 역시 기독교의 전능자가 아닌 우주의 한 요소라는 점에서 독특하다. 신은 절대자로서 완전성을 갖춘 존재가 아니라 그런 상태를 부단하게 지향하는 과정적 존재이다.

국내의 화이트헤드 연구는 1998년에 결성된 한국화이트헤드학회가 주도하고 있다. 초대 회장에 선임된 오영환 교수는 화이트헤드의 형이상학 3부작으로 알려진 『과학과 근대세계』, 『과정과 실재』, 『관념의 모험』을 모두 번역 소개한 화이트헤드 전문가이다. 또한 화이트헤드의 과학철학 3부작으로 알려진 『자연인식의 원리』, 『자연의 개념』, 『상대성 원리』는 안형관, 전병기 교수 등에 의하여 번역되었다. 도올 김용옥 선생은 화이트헤드의 『이성의 기능』에 매료되어 영한 대역판으로 국내에 소개하기도 하였다.

국내에 번역 소개된 화이트헤드의 입문서로서는 레클레어(2003)와 호진스키(2003)의 책이 추천할 만하다. 루시언 프라이스의 『화이트헤드와의 대화』(2006)는 그를 14년 동안 밀착 취재한 성과였다. 국내학자들의 입문서로는 『화이트헤드 과정철학의 이해』(문창옥 1999), 『화이트헤드의 과정철학』(정연홍 2004)이 읽을 만하다.

화이트헤드는 한국사상과 동양사상을 새롭게 해석하는데 원용되어 『화이트헤드와 동양철학』(김상일 1993), 『주역의 생성논리와 과정철학』(박재주 1999), 그리고 『수운과 화이트헤드』(김상일 2001) 등의 연구성과가 나왔다. 또한 화이트헤드는 불교의 연기사상과 연계되는 측면이 있어서 『화이트헤드와 화엄형이상학』(김진 2004) 등의 연구저술이 나왔다. 스티븐 오딘의 『과정형이상학과 화엄불교』(1999)는 난해한 편이다.

화이트헤드 철학은 과정신학이라는 독특한 형태의 신학운동으로 발전되었는데, 『과정신학』(존 캅 1993), 『과정신학과 자연주의』(로버트 메슬 2003), 데이빗 그리핀의 『과정신학』(2002), 『화이트헤드철학과 자연주의적 종교론』(2004), 그리고 『과정신정론』(2007)이 참고할 만하다. 국내학자들의 저술로는 『종교적 상대주의를 넘어서』(장왕식 2002), 『종교와 신과 세계: 과정신학의 기초원리』(유기종 2003), 『화이트헤드와 새로운 민중신학』(정강길 2006) 등이 있다.

2. 에른스트 블로흐

"사유는 전복하는 것이다."

에른스트 블로흐(Ernst Bloch 1885~1977)는 희망의 철학자로 유명하다. 토마스 아퀴나스와 칸트를 제외하고는 철학사에서 거의 다루어지지 않았던 '희망'(Hoffnung) 개념을 철학의 근본 원리로 삼았다. 그가 10여 년 간의 미국 망명 생활을 통하여 저술한 『희망의 원리』(Das Prinzip Hoffnung)는 금세기 최고의 걸작으로 인정받고 있다. 그는 유대인으로 태어났으며, 유대-기독교 사상뿐만 아니라 페르시아 이원론과 마르크스주의 사상에 심취하여, 물질론적 토대 위에서 희망철학을 구성하였다. 위르겐 몰트만은 블로흐의 희망철학(Hoffnungsphilosophie)을 기반으로 희망의 신학(Theologie der Hoffnung)을 구상하였다. 그의 사상은 몰트만(J. Moltmann), 라너(K. Rahner), 메츠(J. Metz), 쉐플러(R. Schaeffler) 등에게 결정적인 영향을 끼쳤다.

블로흐의 고향은 남부 독일 바이에른 주에 위치한 조그마한 산업도시 루드빅스하펜(Ludwigshafen)이다. 이 도시의 분위기는 노동자들의 빈곤과 정신적 황폐가 압도하였다. 그런데 강 건너에는 고풍스러운 도시 만하임(Mannheim)이 있었으며, 블로흐는 어려서부터 그곳의 국립 극장과 도서관에서 철학적 상상력을 키워나갈 수 있었다.

블로흐는 유급을 당할 정도로 학교생활에 적응하지 못했지만, 철학에서는 천부적 탁월성을 가지고 있었다. 열세 살 때 「무신론적 차원에서 본 세계 전체」(1898)라는 철학 논문을 최초로 작성하였으며, 열일곱 살 때는 「힘과 그 본질에 관하여」(1902)에서 '물자체'(Ding-an-sich)를 '객관적 환상'(objektive Phantasie)이라고 규정하기도 했다. 그런데 이 개념은 향후 그의 철학 전체의 방향을 결정할 정도로 그의 철학적 사유에서 중요한 위상을 가지고 있었다. 또한 그는 이 시기에 에른스트 마하(Ernst Mach), 테오도르 립스(Theodor Lipps), 에두아르트 폰 하르트만(Eduard von Hartmann), 빌헬름 빈델반트(Wilhelm Windelband)와 같은 당대 최고의 철학자들과 서신을 교환하기도 했다.

고등학교를 졸업한 블로흐는 뮌헨대학의 테오도르 립스 교수, 뷔르츠부르크대학의 퀼페(Oswald Külpe) 교수에게서 철학을 배웠으며, 스물세 살(1908)에 『리케르트에 관한 비판적 고찰과 현대 인식론의 문제』라는 논문으로 철학박사 학위를 받았다. 여기에서 그는 프로이트의 무의식(Unbewußtes)과는 전혀 반대적인 지향 의식으로서 '아직-의식되지-않은 것'(Noch-Nicht-Bewußtes)이라는 개념을 발굴함으로써, 존재의 미래 양태를 다루는 '아직-아닌-존재의 존재론'(Ontologie des Noch-Nicht-Seins)을 수립하였다.

박사학위 이후 블로흐는 베를린에서 짐멜(Georg Simmel) 교수를 만났으며, 짐멜의 세미나에서 헝가리 출신 철학자 루카치(Georg Lukàcs)와 만나 친교를 나누기도 했다. 그러나 1912년부터 하이델베르크와 가르미쉬를 거점으로 삼으면서 짐멜로부터 멀어지기 시작하였고, 1914년에 짐멜이 독일 민족주의 전쟁을 찬양하자 완전히 결별하였다.

블로흐는 1913년에 귀족 출신의 여류조각가 엘세 폰 스트리츠키와 가르미쉬에서 신혼생활을 시작하였으며, 루카치의 주선으로 하이델베르크에서 막스 베버와 만난다. 그러나 블로흐의 메시아적 자기의식은 결국 베버와의 불화로 이어졌고, 결국 블로흐가 자신의 처녀작 『유토피아의 정신』(1918)을 출판했을 때 루카치는 냉담하게 반응하였다. 이 책에서 블로흐는 표현주의 세대의 예언자적 언어를 매개로 하여 종교, 음악, 미술, 사회, 도덕에 대한 시대비판을 수행하면서 새로운 형이상학을 예견하고 있었다. 프로이트의 정신분석학과는 본질적으로 다른 '아직-아님의 존재론'이 바로 그것이다. 과거적인 잔여로서의 무의식이 아니라, 아직 한 번도 의식된 적이 없는 미래적 사건들에 대한 예견이 철학적 주제로 설정되었던 것이다.

이 책은 놀라운 반향을 불러 일으켰다. 루카치의 냉담과는 반대로 여류작가 마가렛 수스만(M. Susman)은 이 책을 독일의 새로운 형이상학이라고 열광하였으며, 벤야민(Walter Benjamin) 역시 당대의 시대정신을 가장 잘 표현한 책이라고 호평하였다. 이 책이 출간되기 1년 전인 1917년에 블로흐는 잠시 스위스로 망명하였는데, 그 당시 베른 대학에서 박사과정 중에 있었던 벤야민을 처음 만났으며, 그들의 우정은 평생 지속되었다. 1920년대의 블로흐는 『토마스 뮌처』, 『유토피아의 정신』(개정판), 『황무지를 건너서』, 『흔적들』을 집필하였다.

1930년대의 블로흐는 주로 망명의 세월을 보낸다. 히틀러 정권이 들어선 후, 그는 스위스와 오스트리아에서 지냈으며, 취리히에서 『이 시대의 유산』(1935)을 간행하고 물질 개념의 역사를 연구하기 시작한다. 나치의 세력이 전 유럽으로 확산되면서 결국 그는 1938년에 미국으로 망명하였다. 미국에서의 블로흐는 『희망의 원리』, 『자연법과 인간의 존엄성』, 『주관-객관 : 헤겔 연구』 등의 저서를 작업하였다. 특히 "보다 나은 삶을 위한 꿈"이라는 제목으로 구상되었던 『희망의 원리』는 틸리히(Paul Tillich)의 주선으로 옥스퍼드대학출판부에서 내려고 하였으나 계약이 성사되지는 못했다.

제2차 세계대전이 끝난 후 1948년에 블로흐는 가다머의 후임으로 라이프치히대학의 철학 정교수로 초빙되어, 「대학, 마르크스주의, 철학」이라는 제목으로 취임 연설을 한다(64세). 그 후 『주관-객관』(1951), 『희망의 원리』 제1권(1954)과 제2권(1955)이 출간되면서 동독의 국가철학자로서 최고의 영예를 누리게 되었으나, 그의 헤겔 저서인 『주관-객관』과 『희망의 원리』에 대한 비판이 시작되면서 동독 공산당의 숙청 대상이 되었으며, 강의와 강연까지 금지당하는 제재를 받았다.

블로흐는 1958년 프랑크푸르트에서 열린 헤겔학회에 참석하여 수어캄프출판사와의 계약을 체결함으로써, 1959년에 『흔적들』과 『희망의 원리』가 출간되었으며, 동베를린에서는 『희망의 원리』 제3권이 간행되었다. 1960년부터 블로흐는 튀빙겐, 하이델베르크, 슈트트가르트에서 강연을 계속했고, 1961년에는 바이로이트와 뮌헨을 방문하던 중, 동베를린에 장벽이 설치되자 동독으로의 귀국을 포기하고 튀빙겐대학의 객원교수를 수락하였다. 그 이후에 블로흐는 『자연법과 인간의 존엄성』(1961), 『문학적 논술』(1965), 『기독교에서의 무신론』(1968), 『철학적 논술』(1969), 『정치적 측정』(1970), 『물질론 문제의 역사와 실체』(1972), 『세계의 실험』(1975) 등의 저서를 잇달아 출간하였다.

블로흐의 희망철학은 아리스토텔레스의 좌파로 알려진 아랍학파의 물질 개념, 포이에르바흐의 인간주의, 마르크스의 유물변증법과 혁명이론, 페르시아의 이신론(二神論), 유대-기독교적 메시아사상과 천년왕국사상을 전제하고 있다. 그의 신학은 근본적으로 인간학이다. 그가 지향하는 유토피아는 추상적, 초월적 유토피아가 아니라 물질의 가능성을 토대로 하는 사실적이고 구체적인 유토피아이다. 따라서 그가 천국 유토피아 역시 기독교에서처럼 하느님의 나라에 그치지 않고 하느님 대신에 인간이 주역이 되는 하느님의 나라, 즉 하느님이 없는 하느님의 나라를 지향하고 있다.

여기에서 하느님은 인간이 극복해야 하는 대상인 동시에 인간이 끝까지 지향해야 하는 목표이기도 하다. 인간이 극복하고 지양해야 하는 하느님은 이 세상을 악하게 만든 하느님이다. 반면에 인간이 지향하고 존중해야 하는 하느님은 그 악한 하느님으로부터 인간을 구제하기 위하여 오시는 선한 하느님이다. 기독교의 성서는 이 두 개의 하느님 표상이 뒤섞여 있어서 우리를 혼란스럽게 한다. 그러나 블로흐는 이 두 개의 하느님 표상을 분명하게 구분하였다.

블로흐의 '하느님 나라' 사상은 '아직-아님'(Noch-Nicht)이라는 미래지향적 존재 계기를 기초로 하여 전개된다. 기존의 존재론은 본질(Wesen)을 문제 삼았는데, 그 본질이란 사실상 과거적 특성(Gewesenheit)과 다르지 않다. 플라톤이나 기독교의 창조설은 이러한 관점에 의존하고 있다. 그러나 블로흐는 아직 존재하지 않은 것, 즉 존재의 미래적 차원을 문제 삼고 있다. '아님'(Nicht)이나 '아직-아님'(Noch-Nicht)이라는 범주가 중요하게 부각된다. '아님'은 존재의 부정, 즉 무(Nichts)가 아니라 존재가 현실화되지 않은 실재적 가능성을 뜻한다. 따라서 참된 창세기는 과거의 시초에 있는 것이 아니고 미래의 마지막에 위치하는 것이다.

블로흐의 철학이론은 근본적인 저항과 해방이론을 지향한다. 그의 사상이 혁명의 신학이나 해방신학에서 자주 원용되는 것은 바로 그런 이유에서였다. 그는 개혁주의보다는 혁명이론이 정의를 구현하는데 결정적이라고 보았다. 이와 같은 그의 생각은 1968년에 출간된 『기독교에서의 무신론』(Atheismus im Christentum)이라는 저작에 극명하게 나타났다. 이 책의 한국어판에서는 『저항과 반역의 기독교』(열린책들 2009)라고 제목을 바꿈으로써 블로흐의 취지를 왜곡하거나 완화시키는 누를 범하였다. 이는 기독교의 독자층을 끌어들이기 위한 배려일지 모르겠으나, 그러나 그것은 블로흐의 학문적 의도를 근본적으로 무시한 처사인 동시에 독자를 현혹시키는 잘못을 범하는 일이다. 블로흐는 집필 당시에 이 책의 제목을 "기독교와 무신론"으로 잡아서 기독교와 무신론의 대결적인 구도를 그려내고자 하였다. 그러나 집필 과정에서 자신의 생각을 바꾸었다. 오히려 문제가 되는 것은 기독교 안에 도사리고 있는 반기독교적인 정신, 곧 '무신론'(Atheismus)이었던 것이다. 따라서 "기독교에서의 무신론"으로 제목을 수정하였다.

블로흐가 지향하는 무신론은 신이 존재하지 않는다는 취지의 무신론이 아니다. 그는 선신과 악신의 존재를 신앙하는 페르시아 이신론(二神論)을 추종하였다. 기독교의 대성인이었던 아우구스티누스가 개종하기 전에 심취했던 마니교는 가장 대표적인 이신론의 종교였다. 블로흐는 전통 기독교에서 숭배하는 신의 표상이 실제로는 악한 하느님이며, 그 악한 하느님으로부터 탈출하여 선한 하느님의 표상을 쟁취해야 한다는 것이다. 그래서 블로흐는 "참된 기독교는 무신론이어야 하고 무신론자만이 참된 그리스도인일 수 있다." 라는 사실을 강조했던 것이다. 따라서 기독교 안에서 그것을 근본적으로 부정하는 무신론의 정신을 기술하고자 한 블로흐의 의도가 한국어판의 제목에서는 철저하게 무시되고 말았다.

엄밀한 의미에서 『기독교 안에서의 무신론』은 현존하는 기독교적 가치를 추구하는 것이 아니라 오히려 그것을 무너뜨리려는 의도에서 저술되었다. 기독교는 한 분이신 하느님의 창조와 인간의 타락과 인간을 구원하시려는 하느님의 구속사적 섭리와 자기 자신이자 그의 아들인 예수 그리스도의 십자가 수난과 부활과 재림과 영원한 통치를 위하여 이 세상적 가치에 저항하고 반역을 시도했던 종교이다. 그것을 가장 잘 보여준 사건이 바로 출애굽 사건, 즉 이집트의 압제로부터 이스라엘 백성들이 탈출하여 가나안 복지에 들어간 역사적 사건이었다. 그러나 블로흐는 참된 그리스도인은 '이집트로부터의 탈출'에 그치지 않고 그것을 인도해준 '하느님 그 자신으로부터의 탈출'을 시도해야 한다고 천명하였다. 이것이 바로 블로흐의 핵심적인 주장 내용이다.

블로흐가 추구하였던 최고선은 '하느님이 없는 하느님의 나라', 즉 '자유의 왕국'으로서의 무신론의 나라였으며, 결코 '하느님의 나라'를 추구하였던 기독교가 아니었던 것이다. 이와 같은 블로흐의 무신론적 기독교 해석에 대한 비판과 도전은 위르겐 몰트만의 『희망의 신학』에 의하여 전개되었다.

블로흐의 희망철학은 칸트의 요청적 신앙의 맥락에서 이해되어야 한다. 칸트는 도덕적 실천을 가능하게 하는 조건으로서 종교의 자리(역할)를 구상하였으며, 이로써 종교는 도덕적으로 노력한 사람들에게 위안적 희망을 제공할 수 있는 정당성을 부여받게 되었다. 칸트에서 종교는 도덕적 실천과 연계되어 있으며, '유일한 참된 종교'로서만 존재한다. 그와 같은 종교에는 수많은 신앙유형들이 존재한다. 기독교, 조로아스터교, 루터교, 이슬람교 등이 바로 그런 종교 신앙의 유형들이다.

블로흐가 "희망이 있는 곳에만 종교가 있으며, 종교가 있는 곳에 희망이 있는 것은 아니다." 라고 말했을 때, 전후 단락에 나오는 '종교'는 서로 다른 의미를 가지고 있다. 블로흐가 "희망이 있는 곳에 종교가 있다." 라는 어구에서의 종교는 칸트가 말한 '유일한 참된 종교'를 뜻한다. 그러나 블로흐가 "종교가 있는 곳에 희망이 있는 것은 아니다." 라는 어구에서의 종교는 칸트가 말한 '신앙의 한 유형으로서의 종교'를 의미한다. 앞에서의 종교는 이성신앙과 도덕신앙이고, 뒤에서의 종교는 교회신앙이자 계시신앙이었던 것이다. 블로흐는 기독교 교회가 역사적으로 신봉해왔던 계시신앙의 내용을 혁명적으로 부정하면서 칸트가 말한 이성신앙이나 도덕신앙이 수립될 수 있는 (악한) 하느님이 없는 (선한) 하느님의 나라를 희망하였던 것이다. 이와 같은 나라는 결국 역사적인 기독교의 철저한 몰락 위에서만 가능한 일이며, 성서를 기독교의 정경으로서가 아니라 무신론의 정경으로 신앙하는 경우에만 도래할 수 있다. 이 점에서 블로흐의 메시아적 유토피아 사상은 포이에르바흐와 마르크스, 그리고 니체와 프로이트의 사상을 계승한 반기독교 사상의 정수라고 할 수 있는 것이다. 블로흐의 희망철학은 무신론과 이신론이라는 세계관적 지평 위에서 정립되었던 것이다.

우리나라에 번역 소개된 에른스트 블로흐의 저서로는 『철학입문』(청하 1983), 『희망의 원리』(열린책들 2004), 『서양 중세 · 르네상스 철학 강의』(열린책들 2008), 『저항과 반역의 기독교』(열린책들 2009)가 있으며, 개론서로는 실비아 마르쿤(Silvia Markun)의 『희망의 철학자 블로흐』(계명대학교출판부 1982)가 있다. 국내학자의 블로흐 관련 연구서로는 『유토피아, 희망의 원리: 현대 사회에서 유토피아론의 재구성을 위한 철학적 탐구』(손철성, 철학과현실사 2003), 『퓌지스와 존재사유』(김진, 문예출판사 2003), 『칸트와 불교』(김진, 철학과현실사 2004), 『에른스트 블로흐와 희망의 원리』(김진, 울산대학교출판부 2006) 등이 있다. (이 글은 필자의 『에른스트 블로흐와 희망의 원리』 제1장 "에른스트 블로흐의 사람과 사상"을 발췌 정리하면서 새로운 자료를 추가한 것이다.)

3. 칼 야스퍼스

"실존은 자기 자신과, 그리고 자신 안에서
자기의 초월과 관계하는 그것이다."

칼 야스퍼스(Karl Jaspers 1883~1969)는 하이데거와 더불어 독일의 대표적인 실존철학자이다. 의학, 특히 정신병리학의 대가로서 철학으로 넘어와 실존철학을 수립하였다. 유대인의 아내를 둔 독일 철학자로서 히틀러의 통치하에서 고초를 겪었다. 전후에 주어진 국가철학자로서의 지위를 버리고 스위스 바젤대학으로 옮기자 국민적 지탄의 대상이 되었다가 최근에야 다시 새롭게 조명되기 시작하였다.

야스퍼스는 북해 연안에서 수평선을 바라볼 수 있는 독일의 올덴부르크에서 부유한 집안의 아들로 태어났다. 아버지는 은행장이었고 그의 가계는 많은 목사를 배출하였다. 어머니는 부농(富農) 출신인데다가 야스퍼스의 외삼촌은 두 번씩이나 올덴베르크의 주지사를 지냈다.

야스퍼스는 김나지움에서 특출한 아이는 아니었다. 우수한 성적이었음에도 불구하고 항상 낙제를 걱정했다. 수학은 잘 했으나 어학에서 어려움을 당했다. 그는 반항정신 때문에 교장과 자주 부딪쳤으며, 제적당할 위험에 처하기도 하였다. 교장은 야스퍼스에게 라틴어로 졸업축사를 하도록 부탁했는데, 그는 라틴어로 말할 수 있을 정도로 배우지 않았다는 이유로 단호하게 거절하였다. 교장은 고별인사 때 야스퍼스를 저주

하면서 퇴장시켰다. 그는 어려서부터 허약했으며 고독과 싸우지 않으면 안 되었다. 그가 할 수 있는 것은 스피노자를 읽는 것뿐이었다.

1901년에 그는 프라이부르크대학으로 떠났다. 그의 친척인 알베르트 프랜켈 박사는 야스퍼스의 건강상태에 이상이 있다는 사실을 알고 진단한 결과 왼쪽 폐에 화농 증상이 있다는 사실을 발견하였다. 수년전에 발병했던 신장염에 이어서 기관지 파열증세가 나타나고 심장기능에 장애현상이 나타났던 것이다. 생명이 위독한 상태였다. 프랜켈 박사는 그에게 전형적인 의사로 각인되었다. 야스퍼스는 겨울학기에 하이델베르크대학의 법학부에 입학했으나, '예술사와 철학'이나 쿠노 피셔의 쇼펜하우어 강의를 들었다.

1902년에 그는 뮌헨에서 법학공부를 하였으나 교수진에 실망하였다. 그곳에서 테오도르 립스(Theodor Lipps)의 철학 강의에 매료되었으며, 루트비히 클라게스(Ludwig Klages)로부터 고문서학(Graphologie)에 대한 개인지도를 받기도 하였다. 야스퍼스는 클라게스에게 하이델베르크대학에서 교수자격논문을 써보라고 권유했지만 그는 학문적 자유를 이유로 거절하였다. 야스퍼스는 프랜켈 박사의 권고를 받아들여 스위스 실스-마리아(Sils-Maria)에서 요양생활을 했다. 그는 주로 칸트와 립스를 읽었다. 생리학자 파노(Fano) 교수와 예술사가인 코르넬리우스(Cornelius) 교수로부터 정신병리학에 관한 이야기를 들었다. 그는 법학을 포기하고 의학을 공부하기로 결심하였다.

그는 1902/1903년 겨울학기에 베를린대학에서 의학 공부를 시작하였으며, 이후 괴팅겐대학(1903~1906)과 하이델베르크대학(1906~1908)을 전전하면서 의학 공부를 계속하였다. 그는 방학에는 헬고란트(Helgoland)의 동물학연구소나 올덴부르크에서 시간을 보냈다. 1907년에 야스퍼스는 에른스트 마이어(Ernst Mayer)와 친하게 되었는데, 그는 나중에 야스퍼스의 원고를 읽으면서 비판적 제안을 아끼지 않았다. 야스퍼스는 정신과 간호사인 그의 누이(Gertrud Mayer)를 소개받았다. 그녀는 프라이부르크대학에서 리케르트의 강의를 들었으며, 이종사촌인 요나스 콘(Jonas Cohn)과 에밀 라스크(Emil Lask)의 강의에 참여한 적이 있었는데, 늦게나마 철학을 공부하기 위하여 하이델베르크대학에서 대학입시를 준비하고 있었다. 야스퍼스는 그녀의 내면적 지성미에 반하여 결혼하게 되고(1910), 나치 치하에서 유대 태생인 부인으로 인하여 교수 자격을 박탈당하면서도 그녀를 보호하기 위하여 최선의 배려를 아끼지 않았다.

1908년에 야스퍼스는 「향수병과 범죄」라는 논문으로 의학박사 학위를 취득한 후 이듬해 2월에 의사면허증을 취득하였는데, 병원장 프란트 니슬(Franz Nissl) 박사는 그를 하이델베르크대학 정신병 환자병동의 조교로 발탁하였다. 당시 하이델베르크 대학병원은 니슬 교수와 에밀 크레펠린(Emil Kraepelin) 교수를 주축으로 독일에서 가장 중요한 정신병리학 연구기관이었다. 야스퍼스는 봉급을 완전히 포기하고 자유롭게 연구하였으며, 정신병리학에 관한 수많은 논문들을 발표하였다. 이 때 막스 베버(Max Weber)와 에드문트 후설(Edmund Husserl)을 만났다. 그는 후설의 연구서를 탐독하였으며, 개인적으로도 그와 친하게 지냈다. 당대의 철학자들로는 라스크, 리케르트, 후설, 가이거, 셸러, 짐멜, 블로흐, 루카치 등이 활약하고 있었다. 그는 괴팅겐에서 후설의 초청을 받았으며, 1914년에는 블로흐와 루카치와 사귀게 되었다. 야스퍼스는 그들의 병역문제를 도와주었으며, 그들에게 큰 호감을 가졌다. 이들에 대하여 라스크가 "복음서에 나타난 네 사람은 누구인가? 그들은 마태, 마르크스, 루카치 그리고 블로흐다." 라는 말한 것은 상징적인 의미를 가지고 있다. 그러나 야스퍼스의 철학적 우상은 막스 베버였다.

1913년에 『일반 정신병리학』(Allgemeine Psychopathologie)을 출판하

였는데, 야스퍼스는 이 책으로 정신병리학 분야의 최고 권위자로 인정받았다. 이 책을 읽은 니슬 교수는 그에게 의학부에서 교수자격논문을 쓰도록 권유하였다. 그리고 뮌헨대학의 두 교수로부터 허락을 얻어냈다. 그러나 야스퍼스는 하이델베르크를 떠나려고 하지 않았다. 그래서 니슬 교수는 막스 베버를 움직여서 야스퍼스가 심리학자로서 철학부에서 강의할 수 있도록 길을 열었다. 야스퍼스가 자주 청강을 하였던 빈델반트 교수가 야스퍼스의 『일반 정신병리학』을 교수자격 취득논문으로 인정했던 것이다.

야스퍼스는 1916년에 하이델베르크대학의 심리학 객원교수로 초빙되었으며, 막스 베버, 알프레드 베버, 빈델반트, 니슬, 에른스트 트뢸취(Ernst Troeltsch), 헤르만 온켄(Hermann Oncken) 등 저명교수들 앞에서 심리학의 한계에 관한 주제로 교수 취임강연을 하면서 심리학을 하나의 독립된 과학으로 정초하려는 포부를 드러냈다. 1919년에 그는 『세계관의 심리학』을 발표했으나, 정신병리학 책과는 비교할 수 없을 정도로 결과가 좋지 않았다. 그러나 그는 이 책에서 한계상황, 시간의 다차원성, 자유의 운동, 실존의 자기 발현, 사랑, 이념 등 철학에서의 근본문제들을 심리학적으로 규명하고자 했다. 하이델베르크대학의 철학교수 리케르트(Heinrich Rickert)는 야스퍼스의 책을 비판하는 악의적인 글을 학술지 『로고스』(Logos)에 실었다. 반면에 막스 베버는 야스퍼스의 시도를 의미 있게 평가하고 격려해 주었다.

야스퍼스는 1920년 베버의 장례식에서 추도연설을 하였으며, 후설의 생일잔치에서 하이데거와 처음 만나서 우정을 나누기 시작하였다. 1921년에 하이데거는 『세계관의 철학』을 포괄적으로 비판하였으나, 야스퍼스는 이 책이 새로운 철학함의 길을 열었다고 자평하였다. 그는 한스 드리쉬(Hans Driesch)의 후임으로 하이델베르크대학의 철학과 객원교수로 초빙되었으며, 그라이프스발트(Greifswald)대학과 킬(Kiel)대학의 교수 초빙은 거절하였다. 1922년, 야스퍼스를 적극 지지해왔던 하인리히 마이어(Heinrich Maier) 교수가 베를린대학으로 옮기면서 리케르트는 또 다시 야스퍼스의 정교수 초빙을 극력 반대하였다. 그러나 그의 뜻은 관철되지 못하였다. 결국 야스퍼스가 하이델베르크대학의 철학부 제2 정교수로 초빙되었다. 리케르트는 이 사건을 철학의 몰락으로 보았으나, 전혀 새로운 철학, 즉 실존철학의 대가의 탄생으로 이어졌다.

당시 야스퍼스는 독일철학의 주류에 낄 수 없었다. 헤겔 이후 하이델베르크의 철학적 전통은 에두아르트 젤러, 쿠노 피셔, 파울 헨셀, 빈델반트, 라스크, 그리고 리케르트와 그의 제자들이었다. 리케르트는 야스퍼스를 '심리학적 아류', '니체와 키에르케고르의 추종자', '심리주의', '생물학주의' 등으로 매도하였다. 그를 감싸주던 막스 베버도 죽었고, 그를 지지하던 하인리하 마이어도 곁에 없었다. 야스퍼스는 외로웠다. 리케르트는 야스퍼스를 고립시키기 위한 조처로써 사강사들에게 교수자격을 부여했는데, 그들은 반 야스퍼스 그룹을 형성하였다. 그러나 리케르트는 엉뚱한 곳에서 무참하게 허물어지고 말았다. 후설, 하이데거, 야스퍼스, 셸러, 하르트만, 카시러 등의 학생들의 관심을 끌면서 리케르트는 "처참할 정도로 흉측하게 변하고"(벤야민) 말았다. 그러나 리케르트가 야스퍼스에게는 매우 고약한 인물로 비추어진 것과는 반대로 블로흐나 하이데거에게는 매우 탁월한 사상가로 각인되었다. 특히 블로흐는 리케르트에 관한 논문으로 박사학위를 받았다.

야스퍼스는 1923년에 『대학의 이념』을 발표하였고, 1928년에 리케르트와 다시 감정적인 갈등이 첨예하게 대두되었으나, 본(Bonn)대학의 정교수 초빙은 거절하였다. 야스퍼스는 1931년에 『현대의 정신적 상황』을 발표하였다. 이 책으로 야스퍼스는 대중의 인기를 독차지하게 되었다.

그는 그해 12월에 자신의 철학을 '실존철학'(Existenzphilosophie)이라고 규정하였으며, '실존해명'에 관하여 언급하기 시작하였다. 이듬해에 그의 주저 『철학』과 함께 『막스 베버』를 출판하였다. 이 책들로 인하여 야스퍼스의 철학적 명성은 세계로 뻗어나갔다. 야스퍼스의 『철학』과 하이데거의 『존재와 시간』은 실존에 관한 근본적인 물음을 던지고 있는 점에서는 일치하지만, 두 사람의 철학적 사유방식은 전혀 달랐다. 그리고 그들의 우정조차도 1933년 나치정권이 들어서면서 깨지고 말았다. 리케르트의 존재는 철학의 무대에서 이미 사라지고 없었다.

야스퍼스는 존재를 포괄자(das Umgreifende)로 규정하였다. 그는 무형적이고 무규정적인 일자(一者)를 지칭하기 위하여 이 말을 사용하였다. 그의 포괄자 개념은 존재, 존재자, 대상들과 같은 개념 대신에 사용되었다. 화이트헤드가 존재 사태를 '과정'(process)으로 보는 것과는 반대로 야스퍼스는 '포괄자'로 파악했던 것이다. 어떤 것이 그 자신을 알려오는 전체로서의 모든 지평을 포괄하는 것은 존재 의미의 근본방식들이다. 따라서 그것은 인식될 수 있는 것이 아니고 해명될 수 있을 뿐이다. 야스퍼스는 존재 자체인 포괄자를 세계(모든 것들과 우리가 만나는 바탕)와 초월(모든 것을 넘어선 바탕)로 구분하였으며, 우리 자신인 포괄자를 현존재(나), 의식(사유), 정신(이념)으로 분류하였다. 그리고 포괄자와 관계하는 통로는 실존(본래적인 자기 존재)과 이성(초월적 사유 능력)으로 한정하였다. 그는 한계상황에 처한 인간 존재(현존재)는 이성을 매개로 한 암호(신적 계시) 해독을 통하여 초월할 수 있다고 보았다. 따라서 실존은 스스로를 비추어 밝아지는 것이다(Existenzerhellung).

나치 정권이 들어서면서 야스퍼스는 대학행정위원직을 박탈당했으며, 1935년에는 세미나까지 금지당하였다. 그는 한나 아렌트가 이민을 준비할 때만 해도 나중에 그녀가 후회할 것이라고 생각하였고, 1933년에 에른스트 마이어가 유대인들을 수용소에 가둔 후에 불지를 것이라고 두려움에 떨면서 말했을 때만 해도 환상에 젖은 뜬소문으로 흘려들었다. 그러나 야스퍼스 그 자신에게도 눈앞의 현실로 닥쳐왔다. 그는 부인이 단지 유대인이라는 이유만으로 반동분자로 간주되었다. 더구나 그는 당시 금지되었던 예레미아(Jeremias)와 욥(Hiob)과 스피노자에 대하여 이야기 하였다. 그 해에 『이성과 실존』이 나왔고, 1936년에 취리히대학에서 강의하면서 『칸트에서의 근본악』, 『니체』를 출간했다. 이듬해에 야스퍼스는 유대인이었던 부인과의 이혼 권고를 거부했다는 이유로 칼스루에 지방의회로부터 대학교수직을 박탈당하게 된다. 그 소문은 독일 전역에 큰 파장을 불러일으켰다. 그 해 『데카르트』가 출판되었다. 게쉬타포는 그의 가정부를 파면시키고 그 대신에 열성분자로 하여금 감시하게 만들었다. 1937년에 취리히대학의 초빙이 성사 직전에 불발로 끝나고 말았다.

1938년에 『실존철학』이 출판되자 나치는 야스퍼스의 저술활동까지 금지시켰다. 1938년 터키 이스탄불 대학의 초빙은 문부성 당국이 허락하지 않았다. 토마스 만은 미국 프린스톤연구소로 야스퍼스를 초청하려고 움직였으며(이 초빙 계획은 1951년에 비로소 성사되었으나 야스퍼스는 이를 거절하였다), 1939년 파리대학의 초빙도 거절하였다. 그는 40년과 41년에 걸쳐서 부모를 잃게 된다. 1941년에 바젤대학으로부터 2년 동안의 초빙교수 제안을 받았으나 부인에 대한 여행금지 조처로 인하여 포기할 수밖에 없었다. 야스퍼스는 나치가 급습하여 유대인을 색출하는 비상사태에 대비하여 자살이나 안락사까지도 생각하고 있었다. 야스퍼스의 친구였던 의사 발츠 치안칼리(Waltz Zyankali)는 야스퍼스를 적극적으로 보호하였다. 비상사태가 발생하여 야스퍼스 부인은 에밀 헹크의 집에서 두 번이나 숨어 지냈다. 주위 사람들은 야스퍼스 부인이 이미 독일을 떠난 것으로 알고 있었다. 이 비밀은 야스퍼스와 그 친구 치안칼리 박사, 알렉산더 미처리히(Alexander Mitscherlich), 그리고 로트(Roth) 부인만이 알고 있었다. 게쉬타포가 야스퍼스를 체포할 경우, 치안칼리 박사가 조치를 취할 때까지 로트부인이 헹크 부인과 야스퍼스 부인을 숲속으로 피신시킨다는 계획을 세워 두었다. 그럼에도 불구하고 야스퍼스는 자신이 죽게 되면, 어떤 경우라도 부인과 함께 묻어달라고 당부해 놓았다.

종전과 더불어 야스퍼스는 하이델베르크대학의 평의회 의장으로서 『대학의 개혁』을 발표함으로써, 공사를 막론하고 대학의 권위를 침해한 경우, 학문 행위로 당을 지지한 경우, 당의 세력을 얻어 동료교수나 제자들에 피해를 준 경우에는 가차 없이 퇴직하도록 하였다. 나치정권에 가담하지 않은 교수는 22명에 불과하였다. 야스퍼스는 1945년 9월에 4월 1일자로 소급하여 교수직에 복귀하였다.

그는 전후 독일의 정신적 지주로 추앙받았다. 1946년에 하이델베르크대학의 명예평의원으로 선정되었으며, 『책임의 문제』를 출간하고, 제네바 국제회의에서 유럽정신에 대한 강연을 한 후 루카치와 격렬한 논쟁을 벌이기도 하였다. 1947년에 야스퍼스는 프랑크푸르트시에서 제정한 괴테상을 수상하였으며, '우리들의 미래와 괴테'라는 제목으로 수상연설을 했다. 그는 『진리에 대하여』를 출판하였으며, 같은 해 7월에 바젤대학에서 철학적 신앙을 주제로 다섯 차례의 강의를 진행하였다. 바젤대학의 학생들은 야스퍼스를 초빙하기 위하여 열렬한 운동을 전개하였다. 야스퍼스는 바젤로 이주한 후에야 이 초빙 사실을 칼스루에 문부성에 통보하였다. 그러자 문부성은 야스퍼스에게 '최대한의 예우'를 보장하면서 하이델베르크대학에 그대로 머물러줄 것을 통보해 왔다. 야스퍼스는 1948년에 하이델베르크대학보다 훨씬 열등한 조건을 제시하였던 바젤대학의 교수 초빙을 수락하였다. 20년이 지난 후에서야 그는 스위스로 이주한 이유를 밝혔다. 유대인 학살이 진리로 받아들여졌던 과거의 망령 속에서 수모를 당할 수밖에 없었던 유대계 아내와 더불어 더 이상 독일에 살고 싶지 않았으며, 한 동안 자신이 재건할 수 있다고 꿈꾸었던 일들이 '놀라운 시대착오'였다는 것을 스스로 깨달았기 때문이었다. 독일신문은 그를 격렬하게 비난하였다. 오늘의 독일을 대변할 수 있는 그가 개인의 안위를 위하여 독일의 비참함을 외면했다는 것이다. 그를 배신자나 탈영자로 간주하는 사람들도 있었다. 그러나 야스퍼스의 심정은 온 가족을 나치에게 학살당한 레비나스가 더 이상 독일 땅을 밟지 않겠다고 결심한 것과 같은 것일 수밖에 없다. 1948년부터 야스퍼스에 대한 평가절하 운동이 독일 전역에서 일어나기 시작하였다. 그러나 바젤대학에서의 야스퍼스는 수많은 논문과 20권 이상의 저서를 출간할 정도로 연구와 집필에 몰두하였다.

1949년에 그는 제네바 국제회의에서 「새로운 휴머니즘의 조건과 가능성에 대하여」를 강의하고, 『역사의 근원과 목표』를 출간하였다. 그런데 2년 전 야스퍼스가 괴테상을 수상하면서 행한 연설이 독일에서 단행본으로 출판되면서, 『일요세계』(Welt am Sonntag)와 같은 독일언론은 야스퍼스의 괴테론을 비난하고 나섰다. 그런데 한 때 야스퍼스가 하이델베르크대학으로 초빙하려고 애썼던 로베르트 쿠르티우스는 「괴테 혹은 야스퍼스?」라는 글을 통하여 악의에 찬 공격을 하였다. 그는 야스퍼스가 훔볼트처럼 독일의 정신적 지주로서 국민들이 부담해야 할 공동책임을 강조해오다가 지금은 스위스의 정신적 지주가 되어 괴테를 반대하는 캠페인을 벌이고 있다고 비난하였다. 야스퍼스에 대한 비난 여론이 독일을 뒤흔들었다. 그러자 법철학자 라트브루흐가 야스퍼스를 돕기 위하여 공개서한문을 작성하였고, 하이델베르크 교수단이 참여함으로써 쿠르티우스의 공격은 힘을 잃었다. 그러자 그는 또다시 「괴테, 야스퍼스, 쿠르티우스」라는 글을 발표하였으며, 3개월 동안이나 두 사람의 공방전이 신문지상에 보도되었다. 하이델베르크대학의 한 교수가 학생들의 반응을 살펴본 결과 4분의 3이 쿠르티우스를 지지한 것으로 나타났다. 실존철학을 증오하던 쿠르트 힐러(Kurt Hiller)와 고트프리트 벤(Gottfried Benn)까지도 쿠르티우스를 지지하였다. 국수주의적 경향성을 가진 대다수의 독일국민들은 쿠르티우스를 '참다운 환호의 폭풍'으로 치켜세웠다. 그러나 그들이 나치와 동일한 방식으로 또 다시 테러를 가하고 있다는 사실을 자각하는 사람은 찾아보기 힘들었다.

1950년에 야스퍼스는 『철학입문』, 『현대에서의 이성과 반이성』을 출간하였으며, 1953년에 하이델베르크대학의 명예 철학박사 학위를 받았다. 그리고 이듬해 '비기독교적 종교들과 서양'이라는 주제로 방송 강연을 실시하였으며, 『칸트』, 『셸링』, 『쇼펜하우어』, 『탈신화화의 문제』의 저서들을 잇달아 출간하였다. 야스퍼스는 철학사를 모든 시대의 위대한 사상가들이 말하는 이성의 나라로 생각하였다. 그가 말하는 위대한 사상가는 시대 속에서 시대를 넘어서 있는 사람들이다. 그의 철학사적 관심은 1957년의 『위대한 철학자들』에서 찾아볼 수 있다. 야스퍼스를 둘러싼 정치적 논란은 이듬해에 출판된 『원자폭탄과 인류의 미래』를 통하여 어느 정도 진정되었다. 이 책은 야스퍼스에 대한 일방적인 비난을 주춤하게 만들었으며, 새로운 정치 지형을 만들었다. 우파인사들은 야스퍼스를 지지하였으나, 좌파인사들은 독일기민당(CDU)과 북대서양조약기구(NATO)의 앞잡이로 매도하였다.

1959년에 에라스무스상과 파리대학의 명예박사, 제네바대학에서 명예 문학박사 학위를 받았다. 이 때 야스퍼스는 여러 학자들과 정치인들 가운데서 독일 연방공화국의 대통령 후보로 지명되기도 하였으나, 최종적으로 하인리히 뤼프케(Heinrich Lübke)를 대통령 후보로 선출하였다. 1960년에 야스퍼스가 동서독의 통일을 정당화하려는 움직임에 대하여 정치적이나 철학적으로 현실성이 없는 것이라고 비판하자 그에 대한 극우파의 비난은 극에 달하였다. 그는 '도덕적 자살자, 조국의 배반자, 공산주의의 앞잡이이자 더러운 정치꾼'으로 매도되었다.

1961년에 바젤대학에서 은퇴하였으며, 이듬해에 바젤대학의 명예 의학박사 학위를 수여받았다. 이 때 『계시에 직면한 철학적 신앙』이 출간되었다. 야스퍼스는 1963년 서독 정부의 공로훈장을 거부하였으나, 그 이듬해에 프랑스 공로상은 받아들였으며, 1965년에 『철학적 사고의 소학교』, 『희망과 심려』를 출판하고 뤼티히(Lüttich) 국제평화상을 수상하였다.

그는 서독정부의 정책을 눈여겨보면서 독재정권으로 흘러갈 가능성이 농후하다고 비판하면서, 『지금 서독정부는 어디로 가고 있는가?』(1966)라는 책을 출판하였다. 나치당원이었던 사람이 독일의 새 수상이 되었기 때문이다. 그러자 동독의 발터 울프리히트 총리는 야스퍼스가 서독과 동독이 대화할 수 있게 만든 장본인이라고 논평하는 글을 보내왔다. 야스퍼스는 정치적으로 이용당하지 않도록 짧은 답신만 보냈다. 1967년 1월에 야스퍼스는 한 방송사의 시사토론 프로그램에 출연하여 쿠르트 게오르크 키징거와 연합정부를 신랄하게 공격하였는데, 그 때문에 그 방송 책임자는 해직될 뻔하였다. 한 언론사에서는 야스퍼스가 쓰라린 상처를 극복하고 국가에 대한 복수심까지 말끔히 씻어내었지만, 허술한 정보력과 빈약한 철학적 기반으로 정치적, 학문적으로 감당할 수 없는 작태를 저지른 무책임한 인사라고 매도하였다. 그러나 야스퍼스는 독일정치에 관한 거의 모든 자료들을 섭렵하였으며, 세계 각국에서 발행된 20가지 이상의 잡지를 구독했던 것으로 밝혀졌다.

1967년에 그는 바젤 시민권을 취득함으로써 독일 여권을 반환하였다. 그는 이제 스위스 국민이 되었다. 이 때 자전적 작품집 『운명과 의지』를 비롯한 『답변』, 『철학논문집』이 출간되었다. 그러나 1965년 이후 야스퍼스는 만성 기관지염과 대장순환장애로 인하여 장에서 피를 쏟아 중태에 빠지곤 하였다. 1966년부터 관절염과 류머티스성 신경통이 양손과 팔다리까지 번졌으며, 1968년에는 기억력까지 흔들렸다. 10월 경에는 스스로 몸을 가눌 수조차 없게 되었다. 그는 1969년 2월에 건강상태가 갑자기 호전되면서 그는 방문객들과 대화를 나누기까지 하였다. 2월 23일 그 자신의 생일에도 힘겨운 상태로 친구들을 맞이하였다. 그리고 자신이 그토록 사랑하던 부인의 90세 생일을 맞은 2월 26일날 축하서신과 꽃다발이 줄지어 배달되는 그 순간에 서서히 죽음을 맞이하였다. 그는 독일을 바라볼 수 있는 곳에 자신의 보금자리를 미리 마련해 두었다. 그것이 야스퍼스의 진정한 마음이었을 것이다.

국내에 번역 소개된 야스퍼스의 저술로는 『철학적 신앙』(1979), 『니체 생애』(1984), 『지혜에의 길』(1985), 『역사의 기원과 목표』(1986), 『철학적 사유의 작은 학교』(1989), 『계시에 직면한 철학적 신앙』(1989), 『현대의 이성과 반이성』(1992), 『초월자의 암호』(1996), 『대학의 이념』(1997), 『비극론, 인간론』(1999), 『이성과 실존』(1999), 『척도를 주는 인간들』(2000), 『위대한 사상가들』(2005), 『니체와 기독교』(2006) 등이 있다.

국내에 소개된 외국학자들의 야스퍼스 관련 저술로는 월래프(『야스퍼스의 철학사상』, 1986), 쿠르트 잘라문(『칼 야스퍼스』, 1996), 한스 자너(『야스퍼스』, 1998), 리하르트 비서(『카를 야스퍼스』, 1999) 등이 있으며, 국내학자의 야스퍼스 관련 저술로는 이선숙(『야스퍼스 철학』, 1976), 황문수(『실존과 이성: 야스퍼스 연구』, 1980), 김병우(『존재와 상황: 하이데거와 야스퍼스 연구』, 1982; 『야스퍼스의 실존적 자유사상』; 『야스퍼스의 사회적 자유사상』, 1988.), 신득렬(『야스퍼스 철학에 있어서 실존과 교육』, 1984), 정영도(『야스퍼스 철학의 근본문제』, 1998), 신옥희(『일심과 실존』, 2000), 정병조(『야스퍼스의 불교관』, 2005), 한국야스퍼스학회(『칼 야스퍼스 비극적 실존의 치유자』, 2008) 등이 있다.

4. 마르틴 하이데거

"현존재는 존재의 파수꾼이다."

마르틴 하이데거(Martin Heidegger 1889~1976)는 우리 시대에 가장 큰 영향력을 미치고 있는 철학자다. 하이데거는 실존주의, 철학적 해석학, 포스트모더니즘 등, 현대철학의 모든 분야에서 맨 앞자리를 차지하고 있다. 브리태니커 백과사전은 하이데거를 '20세기 실존주의의 대표자'로 자리매김하였다. 하이데거의 제자이자 애인이었으며 현대 정치철학 분야에서 맹위를 떨치고 있는 한나 아렌트는 하이데거를 가리켜 '독일 사상계의 무관의 제왕'이라고 불렀다. 현대 독일 문학비평계의 제1인자인 발터 옌스는 그를 '독일의 소크라테스'로 규정하였다.

이들의 주장은 모두 사실이다. 사르트르, 퐁티, 푸코, 데리다 등의 프랑스 철학자들은 물론이고 가다머, 볼노우, 막스 뮐러, 크뤼거, 마르쿠제, 한나 아렌트 등의 독일철학자들, 그리고 칼 라너, 틸리히, 불트만, 벨테, 피히트, 파니카와 같은 대표적인 그리스도교 사상가들, 루트비히 빈스방거와 메다드 보스 같은 실존주의 심리학자들 모두가 하이데거의 직접적인 영향권 아래에 있었다. 그의 철학으로부터 실존철학, 현상학, 해석학, 포스트모더니즘, 실존주의신학, 실존주의심리학 등 다양한 학파가 분화, 발전되었다.

하이데거는 독일 바덴-뷔르템베르크주 메스키르히에서 출생하였으며, 김나지움을 마친 1909년에 오스트리아 티지스 예수회에서 수사교육을 시작하였으나 심장질환으로 몇 주일만에 포기하고 말았다. 그 후 2년 동안 프라이부르크 대학의 신학부에서 교회장학금으로 사제 교육을 받았으나 천식과 심장 질환으로 인하여 1911년에 전공을 철학으로 변경하였다. 하이데거의 초기사상에서 가톨릭신학의 자취가 발견되는 것은 바로 이러한 배경 때문이다. 이 시기에 하이데거는 프란츠 브렌타노와 카를 브라이크를 통하여 존재론에 관심을 갖게 되었고, 니체, 도스토엡스키, 키에르케고르의 실존철학, 빌헬름 딜타이의 해석학, 그리고 에트문트 후설의 현상학에 심취하였다. 특히 브라이크는 프라이부르크대학의 조직신학 교수로서 무신론을 지향하는 하이데거의 실존철학과 존재사상에도 불구하고 가톨릭적인 각인을 지울 수 없게 만든 장본인이었다.

하이데거는 1913년에 박사논문, 1915년에 교수논문을 제출하였으며, 1919년부터 후설의 조교로 일하게 되었다. 후설교수의 부인이 하이데거를 남편의 '현상학적 아들'이라고 소개하고, 후설 스스로도 "현상학, 그것은 하이데거와 나다." 라고 말했을 정도로, 하이데거는 후설의 현상학에 매료되어 있었다. 또한 그는 후설을 통하여 야스퍼스를 친구로 사귈 수 있게 되었다. 이 시기에 하이데거는 군복무와 강의와 결혼생활까지 병행하는 바쁜 일정을 소화해야만 했다. 특히 개신교도인 엘프리데 페트리와 결혼하여 두 아들을 낳았으며, 첫아들을 얻은 1919년에 그는 철학적인 이유에서 가톨릭신앙을 떠나고 말았다.

1922년에 하이데거는 마르부르크대학교로부터 철학 부교수직을 제안 받게 된다. 그는 아무런 저서도 내놓지 않았지만 오직 이 대학에서의 강의만으로 독일과 유럽 전역에서 명성을 얻게 되었다. 여기에서 개신교의 대표적인 신학자 폴 틸리히를 만났으며, 1924년 겨울학기에 당시

35세의 하이데거는 18세의 유대인 여학생 한나 아렌트를 만나서 부적절한 관계에 빠지기도 하였다. 아렌트는 이듬해에 하이델베르크의 야스퍼스에게로 옮겨가서 박사학위를 마쳤으며, 후일 정치철학자로서 성공하게 된다. 아렌트는 1929년에 결혼하였다. 그러나 아렌트와의 밀애가 하이데거에게 놀라운 활력을 제공한 것은 분명한 사실이다. 그것은 『존재와 시간』의 출간으로 여실히 입증되었다.

1926년에 마르부르크대학은 하이데거에게 정교수직을 수여하고자 하였으나 베를린 당국은 저서가 부족하다는 이유로 수락하지 않았으며 다른 사람을 임용할 계획이었다. 하이데거는 후설의 주선으로 1927년에 비록 미완성본이기는 하였으나, 그 유명한 『존재와 시간』을 출판하게 된다. 후설에게 헌정된 이 책은 하이데거를 세계적인 철학자로 급부상하게 만들었다. 그러나 이 책의 출판으로 인하여 후설과 하이데거의 관계는 오히려 소원해지게 되었다. 하이데거가 이미 자신의 현상학으로부터 이탈했다고 후설이 생각했기 때문이다. 한편 당시 철학계에서 강력한 영향력을 행사하고 있었던 막스 셸러가 하이데거의 교수 임용을 베를린 당국에 촉구함으로써, 그 교수직은 하이데거의 것이 되었다.

『존재와 시간』은 후설의 현상학적 방법론으로 존재에 대하여 물음을 던지고 있는 인간 그 자체에 대한 분석을 시도한다. 이 책에는 세계-내-존재, 현존재, 본래성, 살핌(Sorge), 죽음에의 존재 등 그의 기본사상이 들어 있다. 하이데거는 실존적 인간을 '현존재'(Dasein)라고 규정한다. 여기에서 '현'(da)이란 어떤 것이 구체적으로 드러나는 바로 '거기'를 뜻하는 말이다. 우연적이지만 우리말 '다'의 의미 기능과 너무나 비슷하다. 우리말 '다'는 '모두', '모든 것'을 뜻하는 한편, 동사와 형용사의 서술어미로서 특정한 사태가 실현되고 종결되며 현상되는 모든 존재 사태를 나타내고 있다. 인간 존재 안에서 존재의 의미가 바로 드러나는 장소인 것이다.

하이데거는 현존재 또는 실존 분석을 통하여 인간은 존재의 의미에 대하여 물음을 제기하는 유일한 존재자라는 사실을 분명하게 밝히고 있다. 이러한 문제제기를 통하여 하이데거는 그 이전의 철학자들이 존재자에만 집착함으로써 존재 자체와 존재의 의미에 대해서는 망각하는 오류를 범했다고 비판한다. 하이데거 이전의 철학사는 '존재망각의 역사'였다는 것이다. 폰 헤르만, 소광희, 이기상, 신상희 등이 쓴 『존재와 시간』 해설서를 우리말로 읽을 수 있다.

1928년에 프라이부르크대학교는 당시 이미 은퇴한 후설의 후임으로 하이데거를 철학 석좌교수로 초빙하였다. 1929년의 교수취임강연은 "형이상학이란 무엇인가"라는 주제로 행하여졌는데, 그는 여기에서 『존재와 시간』에서 존재를 가능하게 하는 근거로 제시한 바 있는 '무'의 형이상학적 의미를 다루었다. 그의 철학은 이미 동서사상의 권역을 넘어서고 있었다.

1930년 하이데거는 베를린대학교의 철학 석좌교수 초빙제안을 거절하였다. 그리고 1933년 5월 1일 나치정권 아래서 프라이부르크대학교의 총장으로 선출된다. 헤겔이 나폴레옹을 세계정신으로 본 것처럼 하이데거는 히틀러의 존재에 완전 매료되었다. 따라서 학생들과 지식인들에게 국가사회주의 운동에 적극 참여할 것을 권유하였고, 자신의 소신에 따라서 나치정신을 구현하기 위하여 대학개혁을 추구하였다. 그러나 나치정권은 하이데거의 방식을 지지하지 않았으며, 결국 1년도 안 된 1934년 4월에 총장직에서 물러나게 되었다. 그에 대한 나치당의 제재와 감시가 뒤따랐으며, 1944년 55세의 나이에도 불구하고 참호공사에 투입되기도 하였다.

제2차 세계대전이 끝난 후 프라이부르크 정화위원회로부터 하이데거는 교수직을 박탈당하고 강의 금지조치를 받고서 고향 메스키르히에 돌아왔다. 1951년 9월에 바덴주 교육당국이 하이데거의 복권을 선언할 때까지 그는 침묵할 수밖에 없었다. 다시 대학 강단에 복귀한 하이데거는 1976년 5월 26일 심장마비로 사망(87세)할 때까지 강의와 저술활동을 계속하였다.

『존재와 시간』 이후에 이미 그 단초가 마련되고 있는 하이데거의 후기사상은 노장사상이나 불교의 화엄사상과 유사성이 많아서 한국, 일본, 중국 등 동아시아 지역출신의 철학자들을 매료하게 만들었다.

그러나 1987년에 빅토르 파리아스가 『하이데거와 나치즘』이라는 책을 프랑스에서 출판하면서, 하이데거의 과거사 문제는 데리다와 푸코가 주도하는 프랑스 지성계에 충격을 주었다. 그들뿐만 아니라 사르트르와 메를로 퐁티마저도 하이데거 사상으로부터 절대적인 영향을 받고 있었기 때문이었다. 그 이후 지금까지 하이데거 연구자들은 그의 나치즘 참여의 성격에 대한 철학적 논쟁을 계속하고 있다. 박찬국의 『하이데거와 나치즘』(2001)은 탁월한 저작이다.

하이데거의 후기사상은 현존재 분석에서 존재 자체로의 회귀를 특징으로 한다. 『존재와 시간』에서는 존재의 의미를 포착하기 위하기 위하여 존재 물음을 묻고 있는 인간 현존재의 구조 분석에서 답을 얻으려고 하였다. 황금알을 낳는 비결을 알기 위하여 거위를 해부한 것과 같은 이치일 것이다. 그러나 하이데거는 그러한 방식으로 답을 구할 수 없다고 판단하여 반대 방향으로 나아간다. 그것을 사유에서의 방향전환, 즉 '전회'(Kehre)라고 한다. 전회의 궁극적 목표는 존재 그 자체의 소리에 귀를 기울이는 것이다. 이로써 그의 사상은 기독교의 신비주의로 회귀하며, 하늘의 뜻은 하늘이 우리에게 보여주는 한에서만 알 수 있다는 천명사상에도 통하게 된다. 이러한 관점에서의 진리는 감추어져 있는 것이 드러나게 되는 '탈은폐성', 즉 '드러남'과 개시성으로서의 '알레테이아'(Aletheia)이다. 그것은 망각(레테)을 부정함으로써 근원으로 돌아가는 것을 뜻한다. 진리는 존재 사건, 즉 생기(生起, Ereignis)를 통하여 그리고 언어 발화를 통하여 그 자태를 드러낸다. 존재는 그때마다의 사건 속에서 발현한다. 이것은 화이트헤드의 과정철학이나 화엄사상과 거의 일치하는 내용이다. 그러나 하이데거의 경우 존재 사건만으로 끝나지 않는다. 그것은 언어의 신비와 관련된다. 언어는 인간이 그 안에 거주하는 존재의 집이다. 언어 속에서 존재의 신비가 드러나며, 인간은 언어의 힘 안에서 존재의 증인이 된다. 그리하여 인간은 존재의 파수꾼이 되는 것이다.

이처럼 후기사상에서도 인간은 우주 속에서 매우 중요한 위치를 차지한다. 인간 속에서 드러나는 존재의 신비를 있는 그대로 포착하는 것이 관건일 뿐이다. 따라서 인간은 대지적인 것 위에 서서 천상적인 것과 신적인 것을 소통할 수 있게 하는 근본지평이 된다. 이 사상을 종교신학에 다시 가져간 사람은 바로 현대의 가톨릭사상가 라이문도 파니카였다. 그의 우주신인론적 사유(kosmotheandrisches Denken)는 하이데거의 후기 존재사상의 백미를 신학화한 것이다.

우리나라에서의 하이데거연구는 1992년에 설립된 한국하이데거학회(초대회장 소광희)가 주도하고 있다. 소광희 교수는 하이데거의 주저 『존재와 시간』을 1995년에 번역 소개하였으며 1998년에는 이기상 교수의 번역본도 간행되었다. 그 뒤를 이어 이기상, 박찬국, 신상희, 최상욱 등이 하이데거의 원전 번역에 뛰어들어서 상당수의 주요 작품들이 우리말로 출판되었다. 우리나라에서 지금까지 출판된 하이데거의 저서는 『현상학의 근본문제들』, 『형이상학입문』, 『존재와 시간』, 『형이상학이란 무엇인가』, 『예술작품의 근원』, 『셸링』, 『동일성과 차이』, 『니체와 니힐리즘』, 『칸트와 형이상학의 문제』, 『형이상학의 근본개념들』, 『진리의 본질에 관하여』, 『횔덜린의 송가』, 『사유란 무엇인가』, 『이정표』, 『철학입문』, 『숲길』, 『강연과 논문』 등이다.

우리나라에 소개된 외국학자들의 하이데거 해설서로는 오토 페겔러, 막스 뮐러, 발터 비멜, 리하르트 비서, 피에르 부르디외, 마이클 와츠, 제프 콜린스, 티모시 클라크 등의 저서가 있다. 우리 학자들의 소개서는 이기상, 박찬국, 윤용아, 박승억의 저서를 참고할 수 있다. 하이데거의 예술 및 문학에 대한 연구서로는 폰 헤르만의 『하이데거의 예술철학』, 김대환의 『하이데거로 해석한 워즈워스 시의 세계』, 김유중의 『김수영과 하이데거』 등이 있다.

하이데거의 그리스도교신학에 대한 영향은 결정적이지만 우리나라에 소개된 책으로는 존 맥쿼리의 『하이데거와 기독교』와 신상희의 『하이데거와 신』 정도에 그치고 있다. 그러나 하이데거와 동양적 사유, 특히 불교사상과 비교 연구한 저서들은 그보다 나은 편이다. 고형곤의 『선의 세계』(1976)는 하이데거와 불교의 비교연구서로서 선구적이다. 그 개정 번역판(2005)이 동국대학교출판부에서 새로 나왔다. 그밖에 한스 페터 헴펠의 『하이데거와 선』, 최경호의 『존재에서 규명한 선』, 김종욱의 『하이데거와 형이상학 그리고 불교』 등이 있으나, 가장 독보적인 작품은 역시 김형효의 『하이데거와 마음의 철학』과 『하이데거와 화엄의 사유』이다. 김형효의 논지는 김진의 『하이데거와 불교』에서 비판적으로 정리되고 있다.

하이데거와 세미나를 같이 하고 직접 토론하였던 스위스 출신의 정신분석학자 메다드 보스의 『정신분석과 현존재분석』도 우리말로 읽을 수 있다. 오늘날 하이데거 사상은 거의 모든 철학적 문제들을 새롭게 조망할 수 있게 하는 출발점이 되고 있다.

5. 루트비히 비트겐슈타인

"말할 수 없는 것에 대해서는 침묵해야 한다."

루트비히 비트겐슈타인(Ludwig Wittgenstein 1889~1951)은 영미분석철학의 효시인 논리실증주의와 언어분석철학, 그리고 옥스퍼드학파, 심신이론, 프랑스의 해체주의에서조차도 정신적 아버지로 간주되고 있다.

"모든 철학은 언어비평이다." 비트겐슈타인의 이 말은 칸트의 코페르니쿠스적 전회에 비견되고 있다. 철학의 임무는 모든 학문에서의 언어사용을 비판하는 데 있으며, 더 이상 철학의 할 일은 없다는 것이다. 이는 철학의 종언을 뜻한다.

비트겐슈타인은 천재 철학자였다. 당대 최고의 수학자이자 철학자로 명성을 날렸던 프레게와 러셀은 당시 학부생에 불과하였던 비트겐슈타인의 철학적 깊이와 천재적 탁월성를 인정하였으며, 그가 심리학 강의를 들었던 무어 교수조차도 자신보다 더 철저한 철학자라고 탄복하였다. 그의 철학사상은 맬컴, 토마스 쿤, 바틀리, 퍼트남, 피터 윈치, 로티, 데리다, 카인츠, 테리 이글턴, 아펠 등 현대의 으뜸가는 철학자들에게 결정적인 영향을 끼쳤다.

루트비히 비트겐슈타인은 오스트리아의 철강회사 회장 카를 비트겐슈타인의 5남 3녀 중 막내아들로 태어났다. 그의 아버지는 유대혈통을

차단하려고 했던 조부의 엄명에도 불구하고 유대인 여성 레오폴디네와 결혼하였다. 그는 막강한 재산을 배경으로 구스타프 말러와 같은 예술계 인사들을 후원하였고, 브람스는 그의 집에서 몇 차례 공연을 갖기도 하였다. 구스타프 클림트는 그의 누이에게 초상화를 선물할 정도였다.

루트비히는 14세까지 집에서 교육받은 후 린츠의 실업학교로 보내졌다. 이 학교의 명부에는 비트겐슈타인이 가톨릭 신앙을 가진 독일인이라고 기록되어 있다. 그의 가톨릭 세례명은 요셉 요한(Josef Johann)이었고, 그때까지만 해도 자신이 유대인이라는 사실을 모른 채 독일인 재벌 집안의 아들로 처신하고 있었다. 비트겐슈타인이 린츠의 실업학교에 다니던 시기에 아돌프 히틀러도 같은 학교에 있었다. 히틀러는 비트겐슈타인보다 며칠 일찍 태어났으나 1904년에 그는 3학년이었고 루트비히는 5학년이었다.

그런데 호주의 철학자 킴벌리 코니시는 루트비히가 히틀러로 하여금 반유대인 정서를 갖게 함으로써 대학살을 불러일으켰다는 위험천만한 가설을 제시하였다. 두 명의 천재가 린츠의 실업학교에서 서로에게 심각할 정도의 상처를 주었던 것으로 보인다. 히틀러는 『나의 투쟁』에서 한 유대인 소년에 대한 적개심을 나타내고 있는데, 그 소년이 바로 비트겐슈타인일 개연성이 매우 크다는 것이다. 상세한 내용은 『비트겐슈타인과 히틀러』(그린비 2007)에서 볼 수 있다.

비트겐슈타인은 베를린과 맨체스터에서 기계공학과 항공역학을 연구하였으며, 도중에 순수수학에 관심을 갖게 되어 당대 최고의 수학자였던 프레게와 러셀의 자문을 구하였다. 러셀을 만난 후 그는 철학을 공부하기 위하여 1912년에 케임브리지대학을 찾았다. 이 때 비트겐슈타인은 무어와 케인즈를 사귀게 된다.

1913년에 코피의 『논리학』에 대한 서평을 『케임브리지 리뷰』에 발표하였는데, 이것은 논리학의 당면 과제를 일거에 정리한 비트겐슈타인의 첫 출판물이었다. 그 해 비트겐슈타인은 아버지를 잃었다. 그리고 논리학의 문제를 해결하기 위하여 친구 데이비드 핀센트와 함께 노르웨이로 떠났다. 빈으로 돌아온 후 그는 릴케, 트라클, 코코슈카 등을 지원하기 위한 재단을 설립하였다. 오스트리아가 러시아에 선전포고를 하여 전쟁이 발발하자 그는 자원입대하여 이탈리아 전선에 투입됨으로써 제1차 세계대전에 참전하게 된다.

전쟁터에서 그는 『논리철학논고』를 틈틈이 작성하였으며, 1918년에 완성된 원고는 러셀에게 우송되었다. 이 때 그의 친구 핀센트가 비행기 추락으로 죽고 형 쿠르트도 전선에서 자살했다는 비보를 접한다. 이는 어렸을 때 자살한 두 형에 대한 기억과 함께 루트비히를 억압하는 요인이 되었다. 11월에는 그 자신도 전쟁포로가 되어 1919년 8월까지 억류된다. 『논리철학논고』의 원고는 러셀에게 보내졌다.

『논고』의 핵심 주장은 언어의 그림이론이다. 언어는 본질적으로 실재세계를 반영하고 있는 그림이라는 것이다. 『논고』는 일곱 개의 명제로 구성되어 있는데, 그 중에서도 처음 세 개의 명제가 바로 언어와 실재의 관계를 설명하고 있다.

첫 번째 명제는 '세계는 일어나는 모든 것'으로서, '사물들이 아닌 사실들의 총합'이라는 사실을 강조하고 있다. 두 번째 명제는 '사실은 사태들의 존재상태'이고, 그것은 곧 '그림'이라는 점을 강조하고 있다. 세 번째 명제는 '사실들의 논리적 그림은 사유'이고, 그것은 명제기호로 표현된다는 것이다. 그러나 지각될 수는 없는 것은 기호로 표기될 수 없으며 따라서 말로 표현할 수도 없다. 그래서 마지막 일곱 번째 명제는 "말할 수 없는 것에 대해서는 침묵해야 한다." 로 끝난다. 이는 프리메이슨의 신비주의 전통인 동시에 칸트의 불가지론이나 불교의 무기설에도 연결되는 맥락이다. 이로써 그는 철학이 끝났다고 선언하였다.

전쟁포로에서 해방된 비트겐슈타인은 그의 아버지가 남긴 막대한 유산을 누이들에게 나누어주고 재물로부터 자유롭게 된다. 그는 이제 재벌부친의 카르마로부터 벗어나 금욕과 청빈의 사도가 되고자 하였다. 다른 한편으로 그가 금욕과 청빈의 사도가 되고자 한 것은 어린 시절 히틀러의 비난으로부터 벗어나려는 몸부림일 수도 있다. 그의 삶의 많은 부분은 아직도 비의(秘儀) 속에 감추어져 있다.

빈에서 교사양성교육을 받은 후에 잠깐 동안 빈 근교에서 원예조수로 일하였다. 그는 1920년부터 트라텐바흐 초등학교에서 아이들을 가르치기 시작하였다. 1921년 『논리철학논고』가 독일어로 발표되었으며, 그 이듬해에 독영번역본이 영국에서 출판되었다. 그의 생전에 나온 유일하게 온전한 철학저서였다. 그는 『논고』의 영어판 서문을 썼던 러셀을 인스부르크에서 만났으나 의견대립으로 절교하고 만다. 『논고』를 가장 잘 이해했던 램지가 1924년에 그를 자주 방문하였으며, 그 해 말 모리츠 슐리크와도 만나게 된다.

1926년까지 푸흐베르크와 오테르탈의 초등학교에서 교사로서 활동하였다. 교사직을 사퇴한 후 잠시 휘텔도르프 수도원에서 원예사로 일하던 중 모친의 사망 소식을 접한다. 빈에서는 그의 누이 집의 설계와 건축을 맡기도 하였다. 1927년에 누이의 소개로 모리츠 슐리크, 카르납, 파이글, 바이스만 등 빈의 논리실증주의자들과 교제하면서 다시 철학에 몰두한다. 교사로서 아이들이 말을 배우는 과정을 지켜보면서 비트겐슈타인은 자신의 『논고』와 더불어 끝난 것이 철학이 아니라 새로 시작되어야 한다는 사실을 깨달았기 때문이다.

1929년에 프랭크 램지와 함께 철학을 연구하기 위하여 케임브리지로 돌아간다. 『논고』가 박사학위논문으로 인정되면서 윤리학 강의를 시작할 수 있었으나, 이듬해 램지의 죽음을 맞게 된다. 트리니티 칼리지 연구원(Fellow)으로 임명된 그는 언어, 논리학, 수학에 관한 세미나를 이끌어 나갔다.

1933년에 서른 명 정도의 학생들이 등록하자, 학생수가 너무 많다고 강의를 포기하면서, 소수 학생들에게 『청색 책』을 구술한 후에 그 강의록을 다른 학생들에게 돌리게 하였다. 우리나라의 대학 현실로는 꿈같은 이야기이다. 이듬해에 『갈색 책』이 같은 방식으로 구술되었다. 1935년에 소련을 방문한 그는 레닌대학의 철학교수직을 제의받게 된다. 이 사실을 두고서 호주철학자 코니시는 케임브리지에서의 비밀첩보 활동에 대한 대가일 것이라고 추정하였다. 그는 영국첩보부가 실체 규명에 실패한 케임브리지의 거물 간첩이 비트겐슈타인일 것이라고 보았다. 그의 주변에 공산주의자들이 많았던 것이 그런 추정을 부추겼던 것이다.

1936년에 노르웨이로 가서 1년 동안 『철학적 탐구』의 제1부 집필에 몰두하였다. 1938년 다시 케임브리지 대학에서 철학을 가르치고, 오스트리아가 독일로 합병되자 영국으로 귀화하였으며, 이 시기에 맬컴과 사귀기 시작한다. 1939년 무어의 교수직을 승계하여 케임브리지 철학교수가 되었으며, 철학연구 및 미학에 대한 세미나를 한다. 제2차 세계대전의 발발로 말미암아 뉴캐슬 병원의 의학실험실에 근무하다가 1944년 대학으로 돌아온다.

1946년 5월 그의 친구 케인즈가 트리니티 대학교수 및 영국 대장성 고문이 된다. 그해 10월에 케임브리지 도덕학협회 회장이었던 비트겐슈타인은 연사로 초빙된 칼 포퍼와 토론하는 과정에서 벽난로의 부지깽이를 들이대면서 도덕규칙의 예를 들어보라고 대들자 포퍼가 항의하는 소동이 일어났다. 포퍼와 비트겐슈타인 사이에 있었던 이 해프닝은 데이비드 에드먼즈와 존 에이디노에 의하여 책으로 나왔다(2001). 비트겐슈타인은 어렸을 적부터 우울증과 성격장애에 시달린 것 같다. 11월에 도덕학 협회에서 '철학이란 무엇인가'라는 제목으로 강연하였다.

1947년에 교수직을 사퇴하고 아일랜드로 이사하였다. 거기에서 1949년까지 『철학적 탐구』 제2부를 집필하였다. 암에 걸린 누이 헤르미네를 보기 위하여 1950년에 오스트리아를 방문한다. 그리고 이듬해에 그 자신도 전립선암 선고를 받고서 62세의 나이로 사망한다. 그가 심혈을 기울여왔던 유작 『철학적 탐구』는 1953년에 출판되었다.

『철학적 탐구』에서 비트겐슈타인은 언어철학적 전회를 시도한다. 『논고』에서는 언어가 실재 사태와 대응한다고 보았으나, 『탐구』에서는 도구 사용이나 놀이에서처럼 언어에도 공동체적 약속이 전제되어 있다는 사실을 주시한다. 언어란 실재의 그림이기에 앞서 단어를 의미 있게 사용하도록 하는 규칙들에 의하여 정의되는 활동이다. 언어에는 역사, 관습, 전통들과 같은 삶의 양식이 전제되어 있다. 따라서 언어는 우리가 살고 있는 삶의 현장 속에서 역사적 또는 사회적으로 미리 규정되어 있는 전체 의미의 지평 속에서만 정확하게 사용할 수 있다. 언어는 상황 속에서 그 용도를 배우는 것으로부터 기능하기 시작한다. 『논고』가 논리실증주의를 대변한다면 『탐구』는 철학적 해석학으로 이행한다.

비트겐슈타인의 생전에 출판되었던 철학책은 『논리철학논고』(1921)가 유일하며, 그의 사후에 『철학적 탐구』(1953)가 출판되었다. 1984년에 8권으로 된 비트겐슈타인 전집이 독일 수어캄프출판사에 의하여 간행되었으며, 우리나라에서는 7권으로 된 비트겐슈타인 선집(책세상)이 2006년에 간행되었다.

우리나라에서의 비트겐슈타인 연구는 한국분석철학회에 의하여 주도적으로 수행되었다. 국내의 유럽철학 연구의 대부분이 칸트와 헤겔에 집중되는 것과 마찬가지로 국내의 영미철학 연구의 대부분은 비트겐슈타인에 집중되고 있다. 비트겐슈타인의 생애는 레이 몽크(2000), 스티븐 툴민(2005), 킴벌리 코니시(2007)의 책을 참고할 수 있다. 쉽게 읽을 수 있는 소개서로는 쿠르트 부흐테를(1999), 데이비드 피어스(2000), 신세한(2004), 레이 몽크(2007), 요아힘 슐테(2007)의 책이 있으며, 보다 체계적인 정보를 원할 경우에는 서광선(1980), K.T.판(1989), 죠지 핏처(1990), 존 히튼(1995), R.수터(1998)의 개론서를 참고할 수 있다.

비트겐슈타인의 언어철학에 대한 책으로는 로이 헤리스의 『소쉬르와 비트겐슈타인의 언어』(1999), 문종두의 『언어 사용과 삶』(2007), 솔 크립키의 『비트겐슈타인 규칙과 사적 언어』(2008)가 있으며, 종교에 대한 책으로는 도날드 허드슨의 『비트겐슈타인의 종교철학』(1990)과 크리스 거드문센의 『비트겐슈타인과 불교』(1991)가 있다. 국내의 대표적인 비트겐슈타인 연구가들로서는 이명현, 박영식, 정대현, 남경희, 엄정식, 이승종 등을 손꼽을 수 있다.

6. 발터 벤야민

"신화의 기본구상은 처벌, 즉 처벌해야 할 사람을 만들어내는 처벌로서의 세계이다."

발터 벤야민(Walter Benjamin 1892~1940)은 천재적인 유대 사상가로서 유대 신비주의, 독일 낭만주의, 마르크스주의, 유미주의와 초현실주의를 두루 섭렵한 후에 파괴와 구성이라는 포스트모던적 해체전략을 선구적으로 시도하였다. 루카치와는 달리 그는 에른스트 블로흐를 끝까지 따르고 좋아하였다. 최근 우리나라에서 마르크스와 루카치 대신에 블로흐와 벤야민과 한나 아렌트의 열풍이 불고 있는 사실은 결코 우연이 아니다.

발터 벤야민은 베를린에서 성공한 사업가였던 아버지 에밀 벤야민과 어머니 파울리네의 세 아들 중 장남으로 출생하였다. 그 스스로 자신을 '유복한 시민의 아들'이라고 생각하였다. 그는 베를린과 튀링겐에서 김나지움을 마친 후, 1912년부터 프라이부르크와 베를린에서 철학을 공부하였다. 자유로운 가정에서 자란 벤야민은 유대교의 종교문화에 낯설었지만, 시온주의자였던 친구 쿠르트 투홀러와 프란츠 작스와 함께 휴가를 보내면서 유대정신에 눈을 뜨게 되었다. 이러한 생각은 1913년에 작성한 그의 논문「현대의 종교성에 대한 대화」에 잘 드러나 있다.

이 시기에 부르조아적 생활방식에 식상해진 문인들은 표현주의 문학

을 주도하면서 보편적인 인간의 파토스를 그려내고 있었다. 벤야민은 표현주의운동에 가담하였으나 '표현되지 않은 것'(das Ausdrucklose)이라는 개념을 내세워 종교적 파토스를 강조함으로써 그들과 차별화하고 있었다. 그는 이러한 자신의 생각을 구현하기 위하여 급진적인 학생운동에 참여하였으며, 1914년에는 자유학생연맹의 의장으로 활동하기도 했으나, 제1차 세계대전이 발발하면서 학생운동을 중단하였다. 이 때 그는 장차 부인이 될 도라 소피 폴락(Dora Sophie Pollak)을 만났다.

1915년에 '역사진행의 본질'에 대한 토론을 통하여 벤야민은 게르하르트 숄렘을 처음 알게 되었다. 숄렘은 나중에 시온주의 운동의 지도자가 되었는데, 그는 유대 신비주의(카발라)에 심취하여 벤야민에게 지대한 영향을 주었다. 벤야민은 뮌헨대학에서 공부를 계속하면서, 도라 폴락과 결혼하였다. 군복무를 면제받은 후에 그는 스위스로 이주하였다. 1917년부터 베른에서 공부하였으며, 『유토피아의 정신』(1918)을 쓴 에른스트 블로흐를 처음으로 만났으며, 블로흐의 베를린 시절에 아주 절친한 사이로 발전되었다. 블로흐는 벤야민을 자신의 사상을 가장 잘 이해하는 동료로 생각하였다. 이 때 벤야민은 헤르만 코헨이 쓴 『칸트의 경험이론』을 읽고서 「다가올 철학의 프로그램에 대하여」라는 논문에서 구상한 생각들을 숄렘에게 편지로 보냈다. 그는 칸트를 전복하는 것보다는 칸트의 수정과 발전을 통해서만 철학을 이룰 수 있다고 믿었다.

벤야민은 1919년에 "독일 낭만주의의 예술 비평 개념"이라는 논문을 제출하여 박사학위를 받았다. 그는 피히테, 슐레겔, 노발리스 등, 독일 초기 낭만주의의 철학과 문학을 새롭게 해석하면서 '비평' 개념을 부각시켰다. 그는 낭만주의의 비평 개념 속에 당대의 예술 개념이 드러나 있다고 판단하였다. 벤야민은 이 개념을 관념론의 주관주의 철학보다는 탈현대적인 예술적 시각에서 접근하였다. 비평은 작품을 완성시키고 보완하며 체계화하는 동시에 작품을 절대성 안에서 해체하는 것이다. 따라서 비평은 주관적인 개인의 행위가 아니라 예술작품 그 자체가 완전한 예술을 향하여 펼쳐나가는 객관적인 자기 전개의 행위로 이해되었다. 독일 초기 낭만주의에서의 비평 주체는 자아가 아니라 예술 그 자체였던 것이다.

그는 1920년에 베를린으로 돌아왔으나 경제적으로 어려움을 당하였으며, 1921년에 『번역자의 과제』를 집필하였다. 그는 번역을 단순한 언어작업으로 생각하지 않고 알레고리를 창조하는 예술 작업으로 해석하였다. 동시에 그는 괴테의 소설 『친화력』에 대한 방대한 에세이를 준비하였다. 이와 같은 비평작업에서 그는 역사적 사실의 단순한 재현보다는 예술작품에 나타난 진리 내용을 추구하는데 주력하였다. 이와 함께 그는 신화 개념 속에 시대비판을 시도하였다. 1919년의 논문 「운명과 성격」에서 자연과 초자연에 대한 칸트의 구분을 받아들이면서 신화를 자연사로 정의하였다. 그는 신화를 현존하는 세계상태를 철저하게 부정하는 암호 또는 이 세계의 멸망을 요구하는 근거로 생각하였다. 당시의 시대 연관성에 대한 그의 역사철학적 구성은 1921년의 논문 「폭력 비판에 관하여」에도 잘 드러나 있다.

1923년 여름학기에 프랑크푸르트대학에서 현대 독일문학사 분야의 교수자격논문을 준비하면서, 아도르노와 크라카우어를 알게 되었다. 1924년 5월부터 10월까지 카프리섬에서 체류하였으며, 교수자격 논문인 『독일 비극의 기원』을 집필하는데 총력을 기울였다. 이 때 그는 자신에게 마르크스주의에 몰두하게 했던 라트비아 출신의 공산주의자인 여류 영화감독 아샤 라시스(Asja Lacis)를 사랑하게 된다. 1년 전에 읽었던 루카치의 『역사와 계급의식』이 그녀의 의견을 여과 없이 받아들이게 했던 것이다. 그는 1925년에 드디어 교수자격 논문을 제출하였다. 그러나 두 명의 부심교수들이 반대하여 통과되지 못하였으며, 학비 지원마저 중단되어 사실상 포기할 수밖에 없었다. 그의 논문은 쇼펜하우어의 도덕철학의 정초에 관한 현상논문과 마찬가지로, 비록 그 당시에는 인정되지 않았으나 후세에 학문적으로 매우 중요한 업적으로 평가되었다. 여기에서 벤야민이 펼쳤던 파괴와 구성의 변증법적 역사이해는 오늘날 포스트모더니즘의 해체전략과 유사한 방법론으로 평가되고 있다.

벤야민은 독일비극이 그리스 비극과 마찬가지로 실존적 극한상황을 주제로 하고 있다고 보면서, 개인의 운명을 역사 전체에 적용함으로써 '역사적 사건에 놓인 불가항력적 자연의 폭력'을 드러냈다고 진단하였다. 그것은 국가권력이 개인, 즉 비상사태를 결정할 수 있는 절대군주의 무제한적 결정권과 자의성에 기초하고 있다는 바이마르 공화국의 대표적인 헌법학자 칼 슈미트(Carl Schmitt)의 정치신학에 의하여 정당화되었다. 슈미트는 근대국가의 모든 특징적 개념들이 그 시대의 세속적 신학 개념에서 출발한다고 믿었다. 벤야민은 현상들을 극단적인 관점에서 구제하는 것보다는 독일 비극의 핵심 요소인 알레고리에 대한 새로운 해석을 통하여 자신의 역사철학적 위치를 확인하고자 하였다.

그리하여 벤야민은 '상징'과 '알레고리'에 대한 새로운 접근을 시도한다. 그는 아름답게 변형된 초역사적인 상징을 기표와 기의의 일치라고 보는 반면에, 기형적인 모습으로 나타난 역사적인 알레고리는 기표와 기의의 불일치로 해석하였다. 따라서 그는 알레고리가 단순히 추상적 개념과 구체적 형상의 일치를 뜻하는 것이 아니라고 보았다. 형식과 내용, 그리고 특수성과 보편성의 일치인 상징이 유기체적 총체성에 관련된다면, 알레고리는 파편적이고 불연속적인 역사의 흔적과 잔해들 속에서 기능한다고 생각하였다. 이런 사실에서 알레고리는 단순히 해체로 끝나는 것이 아니라 그 파편들 속에서 새로운 의미들을 구성함으로써,

이른바 파괴와 구성이라는 포스트모던적 전략을 기술했던 것이다.

1926년에 『프랑크푸르트 신문』과 『문학세계』에서 저널리즘 활동을 시작하였으며, 1926년에 7월에 아버지가 죽자 허탈한 그는 자신에게 마르크스주의를 생동적인 정치 세력이라고 일깨워준 아샤 라시스를 다시 만나기 위하여 모스크바 여행에서 나섰으나, 그것은 사실상 현실로부터의 도피여행이었다. 1927년 파리에서 『아케이드』 작업을 시작하였다. 그곳에서 숄렘을 만났으며, 팔레스티나 이주 계획을 세우기도 하였는데, 이 때 그는 대마초를 처음으로 사용하였다. 그에게서 파리 아케이드의 저술 계획과 예루살렘으로의 이주 계획은 상충하는 것이었다. 실제로 그의 예루살렘의 이주는 숄렘이 부추겼던 데다가 벤야민 스스로도 자기기만에 사로잡힌 일시적 충동으로 판명되었다.

『아케이드 프로젝트』는 마르크스의 『자본론』에 비견될 정도로 방대하고 야심찬 기획이었다. 그는 초기 자본주의의 상징인 파리의 거리풍경을 철학적으로 비평하는 작업을 통하여 자본주의 사회의 모습을 있는 그대로 보여주고자 하였다. 상품의 물신성을 비판하고자 한 것이다. 어떻게 보면 그것은 자본주의에서 비롯된 온갖 쓰레기 더미 속에서 그 진정한 본질을 추슬러내는 작업이기도 하였다. 그의 자본주의 비판은 19세기 초에는 '자본주의의 꽃'이었지만 이제는 자본주의의 몰락을 상징하는 '아케이드'를 분석함으로써 이루어졌다. 그는 자본주의 시대로부터 생겨났던 아케이드, 인테리어, 전시장과 파노라마는 꿈의 잔재들이고, 그 역사적 잠에서 깨어나서 꿈의 요소들을 가공하는 것이야말로 변증법적 사유의 힘이라고 강조하면서, 프롤레타리아트 계급이 역사적 위기의 순간에서 잠에서 깨어나도록 촉구하였다. 오늘날 우리사회에서 그의 『아케이드 프로젝트』가 다시 주목받게 된 이유는 너무나 분명하다. 파시즘과 공산주의와의 대결구도 속에서 망각되었던 자본주의의 구조적인 병폐들이 우리의 삶을 위협하고 있기 때문이다. 세계는 지금 주권과 폭력의 문제로부터 비롯된 국제 테러리즘으로 위협받고 있는데, 그 사상적인 근원지가 바로 벤야민이 추적하였던 독일 비극정신에 기원을 두고 있는 자본주의의 여파이기 때문이다.

1928년에 로볼트(Rowohlt) 출판사는 벤야민의 저서 『독일비극의 기원』과 『일방통행로』를 출판하였다. 그리고 1929년에 벤야민은 베르톨트 브레히트와 처음 만나게 되며, 이후 브레히트로부터 많은 도움을 받게 된다. 이듬해에 도라 폴락과 이혼함으로써 막대한 결혼 지참금을 돌려주라는 판결을 받고 전 재산을 양도하였다. 이 시기에 그는 보수적인 파시즘 문화이론에 반대하는 글을 발표하였다. 「독일 파시즘의 이론들」이라는 기고문에서 그는 에른스트 융거의 전쟁 신비주의를 비판하였으며, 좌파 지식인들에 대한 혹독한 비판을 수행하였는데 에리히 케스트너의 시집에 대한 서평 「좌익 멜랑콜리」에서 절정에 이르렀다. 벤야민은 브레히트, 베르나르도 폰 브렌타노와 함께 잡지 『위기와 비평』(Krise und Kritik)을 펴내기로 하였다. 그러나 잡지는 기획 단계에 머물렀으며, 편집인들 사이의 의견 차이로 벤야민은 물러나고 말았다.

나치정권이 들어선 1933년 3월 7일, 그는 나중에 아도르노의 부인이 되었던 그레텔 카르플루스의 강력한 권유로 베를린을 떠나 파리 망명길에 올랐다. 나치의 문화정책으로 벤야민의 저서 출판이 불가능하다고 판단했기 때문이었다. 그러나 1935년까지는 벤야민의 글이 프랑크푸르트 신문을 비롯한 독일 언론에 게재되었다. 파리에서 그는 한나 아렌트를 알게 되었고, 호르크하이머와 아도르노가 주도하였던 프랑크푸르트 사회학연구소의 연구원이 되었다. 그러나 경제적 어려움이 가중되었던 1934년부터 그는 덴마크 스코브스보스트란트(Skovsbostrand)에 있는 브레히트 집에 기거하였고, 때로는 산 레모(San Remo)에 있는 전처의 집에 머물기도 하면서 『아케이드』의 집필에 착수하였다. 그는 1936년에 서한집 『독일인들』을 출판하는 한편, 『기술복제 시대의 예술작품』을 집필하기 시작했다. 그는 이 글을 모스크바에서 발행되는 『국제 문학』에 게재하려고 했으나 거절당하였다. 이 작품은 그의 예술비평서 가운데서 가장 탁월한 것으로 평가되고 있다. 그는 현대의 기술혁신이 예술적 발상은 물론이고 예술 개념 자체와 기법까지도 엄청난 변화를 겪게 했다고 지적하면서, 과거의 기술이 특정한 개인이나 소수를 위한 '일회성'과 '지속성'을 지향하는 반면에 현대의 기술은 대량생산을 통하여 모든 대중들을 위한 '일시성'과 '반복성'을 겨냥하고 있다고 보았다. 그러나 현대의 예술 작품은 과거의 예술 작품이 풍기고 있었던 순수하고 미묘한 분위기(Aura)를 가지고 있지 않다. 그러나 벤야민은 새로운 예술 행위를 통하여 아우라가 완전히 사라지는 것이 아니라, 대중적 수용을 통하여 새로운 형태로 자리잡게 되면서 마르크스적 혁명을 위한 새로운 매체로 기능할 수 있다고 주장하였다. 이러한 벤야민의 의도와 관계없이 그의 모호한 대중예술론은 파시즘적 이데올로기로서 작용할 수 있다는 우려를 자아냈다. 벤야민은 파시즘이 '정치의 심미화'를 추구한다면 마르크스주의는 '예술의 정치화'를 지향하는 것으로 차이를 보여주려고 하였으나, 아우라 개념을 둘러싼 모호성은 해소되지 않았다.

유대인 친구 숄렘이 유대신문에서 벤야민의 일감을 찾으려고 하였으나 별 성과가 없었다. 그는 사면초가에 빠졌으며, 그의 생활은 더욱 궁핍하게 되었다. 벤야민은 1937년부터 38년까지 "보를레르 연구서"를 집필하는데 몰두하였고, 그해 7월부터 10월까지 브레히트의 집에서 머무르면서 『보를레르에 나타난 제2 제정시대의 파리』를 작업하였다. 이듬해에는 『보들레르의 몇 가지 모티프에 관하여』를 집필하였는데, 그의 보를레르 연구에 대한 반응은 매우 좋았다.

1938년 3월 히틀러의 오스트리아 침공과 함께 그는 성 조세프 느베르 수용소에 감금되었다가 11월에야 석방되었다. 그는 독일지도부의 황금 만능주의와 러시아 지도부의 마키아벨리즘 앞에서 좌절하여 지독한 역사철학적 페시미즘에 빠지게 된다. 1940년에 파리로 돌아와서 후기 대표작『역사의 개념에 관하여』를 집필하였다. 6월에 누이와 함께 루르드로 도피하였고, 8월에 막스 호르크하이머의 주선으로 미국 비자를 취득하는데 성공하였다. 그러나 이미 독일군의 수중에 들어간 파리를 탈출하는 것은 쉬운 일이 아니었다. 그는 9월에 피레네 산맥을 넘어서 스페인으로 들어가려고 했으나 프랑스 출국 허가를 받지 않았기 때문에 저지되었다. 1940년 9월 26일 자정 무렵 그는 스페인 접경 마을 포르부(Port Bou)에서 다량의 모르핀을 먹고 자살하였다. 그는 마을 공동묘지에 묻혔으나 그의 무덤을 아는 사람은 없다.

벤야민의 후기 역사철학 연구는 히틀러와 스탈린의 협정의 충격으로부터 시작되어 '진보' 개념 전반에 걸친 비판을 수행하고 있다. 그것은 동시에 마르크스주의를 해체하려는 전략을 취하고 있다. '노동' 개념을 앞세웠던 공산주의자들은 자연 지배의 진보만을 보았으며 사회의 퇴보는 보려고 하지 않았다. 그는 '노동' 개념보다는 진정한 의미에서의 '혁명' 개념을 중시하였다. 그는 계급 없는 사회가 성취되기 위해서는 프롤레타리아트 자신의 혁명 정책에서부터 그 진정한 메시아적 모습을 되찾아야 한다고 부르짖었다. 그는 마르크스가 강조하였던 역사의 연속성과 진보 개념 대신에 그것들을 부정하는 이른바 '순간적인 지금'이라는 시간 개념에 주목하였다. 그는 극도로 궁핍하고 혼란스러웠던 당시의 역사적 상황 속에서 메시아가 출현하는 신비스러운 '순간'에 대한 기대를 버리지 않았다.

국내에 번역 소개된 벤야민의 저술로는『발터 벤야민의 모스크바 일기』

(그린비 2005), 『베를린의 어린 시절』(새물결 2007), 『일방통행로』(새물결 2007), 『일방통행로, 사유이미지』(선집 1, 길 2007), 『기술복제시대의 예술작품, 사진의 작은 역사 외』(선집 2, 길 2007), 『1900년경 베를린의 유년시절, 베를린 연대기』(선집 3, 길 2007), 『역사의 개념에 대하여, 폭력비판을 위하여, 초현실주의 외』(선집 5, 길 2008), 『언어 일반과 인간의 언어에 대하여, 번역자의 과제 외』(선집 6, 길 2008), 『독일 비애극의 원천』(새물결 2008), 『아케이드 프로젝트』(새물결 2008)가 있다.

국내에 번역 소개된 외국학자들의 벤야민 관련 저술로는 베르너 풀트(『발터 벤야민』, 문학과지성사 1985), 베른트 비테(『발터 벤야민』, 역사비평사 1994, 한길사 2001), 볼츠(『발터 벤야민』, 서광사 2000), 게스숌 숄렘(『한 우정의 역사: 발터 벤야민을 추억하며』, 한길사 2002), 수잔 벅 모스(『발터 벤야민과 아케이드 프로젝트』, 문학동네 2004), 그램 질로크(『발터 벤야민과 메트로폴리스』, 효형출판 2005), 몸메 브로더젠(『발터 벤야민』, 인물과사상사 2007)이 있다.

국내학자의 벤야민 관련 저술로는 고지현(『꿈과 깨어나기: 발터 벤야민 파사주 프로젝트의 역사이론』, 유로 2007), 신혜경(『벤야민 & 아도르노』, 김영사 2009) 등이 있다.

7. 자크 라캉

"인간이 욕망하는 것은 타자'로서'다."

자크 라캉(Jacques Lacan 1901~1981)은 푸코와 더불어 현대 프랑스의 지성계를 대표하는 철학자이다.

그는 파리의 엄격한 가톨릭 가정에서 태어났으며, 예수회 학교 콜레주 스타니슬라스(Collége Stanislas)에 들어갔으며, 파리대학에서 의학과 정신의학을 전공하였다. 1927년부터 생트 안느(Sainte-Anne) 병원에서 정신과 임상수련을 시작하였다. 그 후 「편집증적 정신병과 성격의 관계」(1932)라는 논문으로 박사학위를 취득하였는데, 그는 이 논문을 프로이트에게 보내고 그로부터 회신 엽서를 받기도 하였다. 의사자격을 취득한 후에는 평생 동안 정신분석가로 활동하면서 철학계에 광범위한 영향력을 발휘하였다.

라캉은 파리에서 초현실주의자들과 교류하면서 그들이 운영하는 잡지 『미노토르』(Minotaure)에 기고하기도 했다. 그는 1933년에 코제브의 헤겔 『정신현상학』 강의(1939년까지 계속됨)와 제임스 조이스의 『율리시스』 최초 공개 낭독회에도 참석하였다. 이와 같은 그의 다양한 지적 욕구는 그를 세계적인 정신분석사상가로서 도약하게 하는 밑거름이 되었다.

1934년에 그는 블롱댕이라는 여성과 결혼하였으며, 파리정신분석학회(SPP, 1926년에 르네 라포르그, 마리 보나파르트, 루돌프 뢰벤슈타인, 에두아르 피숑 등이 창설함)에도 가입하였다.

라캉은 1936년 마리엔바트에서 열린 제14차 국제정신분석학회(IPA) 총회에서 '거울 단계'를 발표함으로써 그 모습을 드러냈다. 그러나 그의 발표는 어니스트 존스에 의하여 제지당함으로써 도중에 중단되고 말았다. 어떤 이들은 이 사건이 라캉과 정신분석학회와의 갈등을 상징적으로 보여준다고 해석하기도 하지만, 발표 시간이 초과되었기 때문에 생겨난 단순한 조처였다고 보는 시각도 있다. 이 때 발표된 원고는 라캉이 제출하지 않았기 때문에 논문집에 실리지 않았으며, 그의 논문선집 『에크리』에 수록된 원고는 1936년 당시의 원고가 아니라 13년이 지난 1949년 IPA 국제회의에서 재발표한 원고였다.

1938년에 파리정신분석학회(SPP)의 정회원이 되었으며, 프랑스백과사전에 가족에 대한 논문을 수록하였다. 망명한 프로이트가 파리에서 조그마한 모임을 가졌으나 라캉은 참석하지 않았다. 1939년부터 라캉은 나치 점령 하에 파리 육군병원에서 근무하였으나 공식적인 활동은 하지 않았다.

전쟁이 끝난 후 라캉은 「논리적 시간」(1945), 「정신적 인과관계론」(1946), 「정신분석에서의 공격성」(1948), 「나의 기능을 구성하는 거울단계」(1949), 「범죄학에서 정신분석의 기능에 대한 이론적 서설」(1950) 등의 연구결과를 발표하였다.

1951년부터 라캉은 두 번째 부인이 될 실비아 바타이유(철학자 조르주 바타이유의 아내)의 아파트에서 소수의 정신분석 수련자들을 대상으로 사적인 주간 세미나를 열어서 도라, 쥐 인간, 늑대 인간 등 프로이트의 사례 연구를 검토하였다. 또한 그는 짧은 시간 동안 면담을 하더라도 문제될 것이 없다고 주장함으로써, 파리정신분석학회(SPP)로부터 표준 분석시간을 위배했다는 비판을 받기도 하였다. 1952년에 SPP는 산하기관으로 파리정신분석연구소(IPP)를 설립하였는데, 라캉은 사샤 나스트(Sacha Nacht)의 후임으로 소장직을 맡았다. 그리고 프랑스 현상학을 대표하는 메를로 퐁티와 문화인류학의 대가인 레비스트로스와 교분을 맺으면서 라캉의 존재는 철학계에 알려지기 시작하였다.

1953년에 라캉은 실비아 바타이유와 결혼하였으며, SPP의 회장으로 선출된다. 그러나 그의 분석치료 방식에 대한 이견이 터져 나오자 그는 SPP의 회장직을 사임하고, 자신의 지지자들과 함께 프랑스정신분석학회(SFP)를 새로 결성하였다. 그러자 국제정신분석학회(IPA)는 라캉이 프랑스의 공식기관인 SPP를 사임하고 다른 단체에 가입한 것은 위법이라고 통지함으로써 사실상 라캉을 제명하였다. 그는 SFP에서 「상징계, 상상계, 실재계」라는 논문을 발표하였는데, 이는 그의 사상에서 가장 중요한 부분들 가운데 하나였다. 11월부터 그는 공식적인 세미나(연 1회)를 시작하였는데, 이 세미나는 그 후 27년간 지속되었으며, 그 내용들은 나중에 강의록으로 출판되었다. 이듬해까지 계속된 첫 세미나의 주제는 "기술에 대한 프로이트의 논문들"이며, 그는 프로이트의 정신분석 기법과 핵심개념들, 그리고 정신분석 윤리를 다루었다. 이 세미나에 장 이폴리트가 참여하여 프로이트의 '부정'(Dénégation)에 관한 논문을 분석하기도 했다. 이 시기에 라캉은 1966년에 출판된 『에크리』에 수록될 중요 원고들을 집중적으로 집필하였다.

1955년에 라캉은 「치료유형의 변종」, 「"도둑맞은 편지"에 대한 세미나」, 「프로이트적인 것, 혹은 정신분석에서의 프로이트로의 회귀」를 발표하였으며, 두 번째 세미나 "프로이트의 이론과 정신분석적 기술에서의 자아"를 진행시켰다. 그리고 1956년에는 하이데거의 「로고스」를 번역하고, 「1956년의 정신분석의 상황과 정신분석자의 구성」을 발표하였다. 세 번째의 세미나 주제는 "정신병"이었다. 그의 세미나에는 플라톤 연구가였던 코이레(Alexandre Koyré)를 비롯하여 레비스트로스, 메를로퐁티, 그리올, 그리고 민족학자 방브니스트 등이 참여하였다. 그의 세미나는 전문적인 주제를 정하여 계속 이어져 갔으며, "대상관계와 프로이트적 구조"(1957), "무의식의 형성"(1958), "욕망과 그 해석"(1959), "정신분석의 윤리학"(1960), "전이"(1961), "동일시"(1962), "불안"(1963), "정신분석의 네 가지 기본개념"(1964), "정신분석의 핵심문제"(1965), "정신분석의 대상"(1966), "환상의 논리"(1967), "정신분석적 행동"(1968), "대타자에서 소타자로"(1969), "정신분석의 감추어진 얼굴"(1970), "외양을 갖추지 않으려는 담론에 대하여"(1971), "...혹은 더 나빠지는"(1972), "앙코르"(1973), "속지 않는 방랑 / 아버지의 이름"(1974), "RSI; 실재계, 상징계, 상상계"(1975), "증후"(1976), "사람들은 그것이 사랑의 날개위에 있는 잘못된 달임을 알았다"(1977), "시간의 위상학"(1979), 그리고 27번째 세미나 "용해"(1980)를 마친 후, 1981년 9월 9일에 세상을 떠났다.

1962년에 SFP 회원들은 IPA의 승인을 요구했고, IPA는 라캉을 배제한다는 조건으로 허락하였다. 그리고 최종기한(1963년 8월 31일)이 다가오자 SFP는 라캉의 제명안을 선택하였다. 그것은 마치 부르투스가 시저를 암살한 것과 같은 대파문이었다. 라캉은 SFP의 회장직을 사임하였으며, 파리고등연구원의 강사로 임명되었다. 라캉의 지지자들은 스터디그룹을 조직하여 1964년에 프랑스 정신분석학교를 창립하였으나, 라캉에 의하여 파리 프로이트학교(EFP)로 재편되었다. 1965년에 라캉은 고등사범학교에서 정신분석가와 철학 전공자들을 상대로 무의식에 관한 세미나를 진행하였다.

1966년에 그의 주저 『에크리』가 출판되었으며, 존스 홉킨스 대학에서 세미나를 열었다. 1967년에 EFP에 자체 훈련 프로그램을 도입하였으나, 그것이 빌미가 되어 라캉의 반대파가 형성되었고, 고등사범학교에서 라캉이 배제될 운명에 처하게 되었다. 68학생운동을 지지하였던 라캉은 벵센대학(파리8대학)에 정신분석학과를 창설해달라는 푸코의 요청을 받아들여 학과장으로, 그리고 1865년에 라캉의 세미나에 참여한 바 있었던 밀레(Jacques-Alain Miller)가 학장으로 취임하였다.

1980년에 라캉은 EFP의 폐교를 선언하고 자신의 작업에 동참하고자 하는 이들의 의사표명을 요청하였다. 일주일만에 1,000통의 편지가 배달되었다. 그는 이들의 지지를 바탕으로 2월 21일 프로이트 코스를 창설하였으며, 1981년 9월 9일 파리에서 사망하였다.

라캉은 『에크리』 초판본 말미의 참고문헌에 제14차 국제정신분석학회에서 「거울단계」를 발표한 시간을 "1936년 8월 3일 오후 3시"라고 정확하게 기록해 놓았다. 이는 자신의 사상사에서 그만큼 역사적이라는 사실을 반영한다.

라캉은 프로이트에로의 회귀를 강조하였다. 그는 프로이트가 지각-의식 체계를 자아와 동일시한 사실에 착안하여 우리가 어떻게 자아를 발견하게 되는가를 여실히 보여주고 있다. 프로이트는 자아(ego)를 이드(id)와 초자아(superego)와 구분하였다. 그러나 라캉이 생각하기에 자아는 이드나 초자아와 확연하게 구분될 수 있는 성질의 것이 아니었다. 이러한 생각을 그는 거울단계 이론을 통하여 제시하였다. 그의 거울단계 이론은 프로이트의 고전주의적 정신분석학에 새로운 전기를 마련하였다.

거울단계란 생후 6개월에서 18개월 사이의 어린 아이가 거울 속에 비친 자기 모습을 보면서, 처음에는 그것이 무엇인지 알지 못하지만, 시간이 경과되면서 거울에 비친 것이 자신과 관계가 있다는 것을 차츰 깨닫게 되고, 그것을 자기 자신과 동일시하면서 매우 즐거워하는 과정을 보고서 착안한 것이다. 침팬지는 거울 앞의 자기 모습이 허상이라는 사실을 파악하는 순간, 더 이상 거울에 비친 모습에 관심을 갖지 않는다고 한다. 그러나 어린아이들은 거울에 비친 이미지가 자신이라는 것을 알게 되면서 더 기뻐하고 그것에 매혹되는 것이다.

라캉은 거울단계 이론으로부터 상상계, 상징계, 실재계를 구분하는데, 이것은 프로이트의 이드, 자아, 초자아의 인격론과 유비적이거나 보완적인 의미를 가지고 있다.

첫째로, '상상계'(the Imaginary)를 이해할 필요가 있다. 거울단계에서는 어린이가 거울 앞의 모습과 자기 자신을 구분하지 못한다. 자기 자신을 객관화하지 못하는 것이다. 따라서 여기에서 거울이란 그저 거울(mirror)을 뜻하는 것이 아니라 이상적 자아와의 동일시 현상을 뜻한다.

어린아이는 처음에는 거울에 비친 자신의 이미지와 자기 자신을 혼동하지만, 그 이미지가 자신의 반영이라는 사실을 받아들이게 된다. 그러나 거울에 비친 모습은 완벽하고 통일적인 반면에 실제적인 자기 자신은 파편적이고 산만하다는 사실을 깨닫게 되면서, 아이는 거울 속의 이미지를 '이상적 자아'(das Ideal-I)로 생각하게 된다. 아이가 부모를 완벽한 이상형으로 생각하거나 사랑에 처음 눈뜬 사람이 그 애인의 모습에 완전히 홀리게 된 것과 같은 상태가 바로 상상계에서 주도적으로 나타나는 현상이다.

이처럼 거울단계에서의 이상적 자아는 타자와의 관계 속에서 객관화되기 이전의 주체이고, 언어가 그 보편구조 속에서 주체 기능을 부여하기 이전의 주체이다. 따라서 거울단계의 주체는 왜곡되고 고착된 상황 속에 차폐되어 있으며, 신경증 환자처럼 자기 자신으로부터 소외되어 있다. 라캉은 어린아이의 초창기 경험에 바탕을 둔 무의식적 원형으로서 마음의 대상을 가리켜 '이마고'(Imago)라고 불렀다. 그런데 아이의 무의식에서는 자기 자신을 다른 사람과 같은 것으로 생각하는 동일시(identification) 현상이 주도적으로 나타난다.

거울단계의 아이가 자기 자신을 거울 속에 비친 모습과 같은 것으로 생각하는 동일시의 원초적 행동은 곧 원초적 나르시시즘과 같은 것이다. 이것은 프로이트가 말하는 최초의 자기애와 같은 것이다. 이처럼 상상계는 거울이미지, 동일시, 상호작용이 주도적으로 나타나는 영역이다. 그러나 그것은 단순히 환상은 아니다. 상상계에서의 환상적 구성물은 지속적이며 실재계에 영향을 줄 수 있기 때문이다. 라캉은 대부분의 신경증 환자들이 거울단계에 머물러 있으며, 오인과 환상에 빠져 있다고 지적하였다. 히틀러와 같은 독재자가 자기 의견만이 절대적 진리라고 착각하면서 광기를 보이는 것도 거울단계에 갇혀 있기 때문이다. 특정한 이데아에 고착된 나머지 그것을 이상적 자아(das Ideal-Ich)라고 착각하는 현상이 바로 상상계에서 발생한다.

둘째로, 상징계(the symbolic)는 고정적이고 동일한 것 대신에 유동적이고 상이한 것을 강조하는 운동의 영역이다. 이 단계에서는 언어, 무의식, 타자성이 주도적으로 나타나며, 자아와는 다른 주체가 탄생하는 영역이다. 라캉은 프로이트와는 달리 무의식조차도 언어처럼 구조화되어 있다고 보았다. 거울에 비친 이미지가 자기 자신이라는 생각에 집착하였던 어린아이가 언젠가는 그것이 거짓과 기만이라는 사실을 깨닫게 되고, 겉으로 보이는 것들만이 언제나 참된 현실은 아니라는 사실도 조금씩 체득하게 된다. 어린아이는 이제 "아무것도 비춰지지 않는 표면만을 제공하는 빛이 없는 거울"을 넘어서서, 진리를 향하여 나아가고 있는 것이다. 이상적-자아를 실현하는 것은 불가능하다고 판단하여 그보다 완전하지 않지만 비슷한 분위기를 가지고 있는 존재로 대체하는 것이 바로 상징계에서 일어난다.

상상계에서 상징계로의 진입은 여전히 어른에게 의존해야 하는 아이가 거울 앞에서 무엇인가를 혼자서 할 수 있다고 깨닫게 됨으로써 이루어진다. 라캉은 이러한 거울 이미지 속에서 자아의 조그마한 모습을 발견한다. 어린아이는 거울에 비쳐진 모습이 자기 자신과 같은 것이 아니라 단지 보인 것이라는 사실을 체득하게 되면서 언어와 상징과 질서의 세계로 진입하게 되고, 점진적으로 사회적 자아로 발달하게 된다. 우리가 사용하는 언어와 생각 자체는 상징으로 이루어져 있으며, 복잡한 상징들의 체계일 뿐이다. 언어는 의식에 앞서며, 같은 단어라도 서로 다르게 쓰이는 등, 차별적인 관계들 속에서 고유한 의미가 나타나는 가장 대표적인 상징체계이다.

이 경우에 거울의 이미지는 가시적 세계의 문턱이 되고, 그것을 벗어나게 되면서 '바라봄'의 주체는 그 자신의 '보임'과 분리하게 된다. 이와 같은 주체는 존재론적으로 결핍을 특징으로 한다. 결핍된 주체가 고착된 대상으로부터 벗어나서 새로운 대상을 요구하는 것은 바로 '욕망'이다. 순수한 결핍으로부터 욕망이 생성된다. 그런데 바로 이 욕망이 주체를 대상에 대한 왜곡된 집착으로부터 벗어나서 '타자 의식'을 갖게 하는 것이다.

인간은 생물학적으로 결핍존재이며, 그것은 프로이트에서는 성적 욕구와 억압의 문제로 나타난다. 프로이트는 외디푸스 콤플렉스와 엘렉투라 콤플렉스를 남근에 대한 선망의식과 관련하여 풀었으나, 라캉은 남근을 성생물학적 기관보다는 무의식의 기표로 이해하였다. 그렇게 탄생한 주체는 언제나 또 다시 분리되고 중단되는 방식으로 존재하며, 따라서 그것들은 존재하지 않음으로써 존재하는 경향성을 나타낸다. 이와 같은 상징계에서 인간은 상호주체적이고 사회적이므로, 그 자신에게만 집착하는 것을 금지시킨다. 그러나 상징계는 상상계와 중첩되는 방식으로 서로에게 영향을 미치는 경우가 많다.

셋째로, 실재계(the real)는 언제나 그 자리에 그대로 존재하고, 늘 같은 자리로 돌아오게 되는 어떤 것이다. 라캉이 생각하는 실재계란 상징화 작용이 개입되기 전의 상태로서 있는 그대로의 즉자적인 상태를 뜻한다. 이것은 현실(reality)이나 프로이트의 현실원칙과는 달리 상징적 과정의 바깥에 존재한다. 실재계는 물자체(Ding-an-sich)와 같이 인간에게 다가설 수 없는 어떤 것으로 존재하지만, 언제나 그것을 인정하지 않을 수 없는 터전이다. 실재계는 온갖 아름다운 상징과 이미지들이 사라져버린 삭막한 사막과도 같은 것이다. 우리의 상징 작용이 한계에 도달하게 되면 실재계의 모습이 가시화되는 것이다. 칸트는 우리에게 나타나는 세계의 현상들(상징계)은 사물 그 자체(실재계)를 전제하고 있다고 말하였다. 라캉 역시 사물(das Ding)을 우리가 끝없이 찾아 헤매야 하는 상실된 대상으로 규정한다. 아무것도 꾸며지지 않은 단조로운 현실, 그리고 모든 상징이 사라지고 의미조차 퇴색해버린 그런 삶의 차원이 있다면 그것이 바로 라캉이 말하는 실재계인 것이다. 따라서 사물은 객관적, 대상적으로 아무것도 존재하지 않은 무 그 자체이다. 그것은 주체의 욕망을 통해서만 어떤 것으로 되는 것이다. 그러나 후기 라캉은 실재계의 무미건조함을 넘어서서, 우리의 욕망을 부추기는 어떤 특이한 것들이 있다는 사실을 강조하기 위하여 '대상 α'라는 새로운 개념을 만들었다. 대상 α는 대상을 만드는 과정에서 남겨진 잔여인 동시에 상징계를 구조화하는 공백이자 간극이다. 따라서 대상 α는 사물의 차원에서 상징을 부추기는 특이함을 나타내는 동시에, 상징화의 수중에서 벗어나면서 생겨난 파편인 것이다. 그것은 실재계와 상징계를 매개하는 그 무엇이다.

상상계, 상징계, 실재계는 결코 난해한 개념들이 아니다. 어린아이가 만들어낸 우상에 갇혀 지내는 것은 상상계이고, 자기나름대로의 의미부여를 하면서 살아가는 단계는 상징계이며, 그가 서 있는 그대로의 현실이 바로 실재계이다.

우리가 어렸을 때는 플라톤의 이데아나 프로이트의 초자아에 해당되는 것이 어머니와 아버지의 존재이다. 그 완전한 이상형이 바로 어린아이의 이상적 자아인 것이다.

그러나 그가 자아에 대한 의식을 갖게 되면서 완전한 이상형이 현실적으로 불가능하다는 사실을 깨닫고 주위 현실에서 특정한 것에 이데아적인 의미를 부여하는 것, 즉 상징화를 통하여 자신만의 독특한 세계를 꾸미는 것이다. 그것이 바로 상징계의 자아 존재이다.

그러나 그런 의미 부여와 상징들이 모두 사라지고 남는 것은 고갈된 현실, 즉 사막 그 자체일 뿐이다. 사람들은 자기만의 황량한 사막을 가지고 있다. 그 사막 위에 상징을 채우면 아름다운 세상이 되는 것이고, 그것의 의미를 잃게 되는 경우에 언제나 다시 제자리로 돌아오게 되는 바로 그곳이 실재계이다.

라캉은 지금까지 사람들이 인간을 바라봄의 주체라고 생각한 것과는 달리, 욕망하는 주체의 특성을 '보임'이라는 사실에서 찾았다. 인간은 바라보는 존재인 동시에 보이는 존재이다. 우리는 세계의 무대 위에서 타자에게 보이고 있으며, 그런 사실 앞에서 비로소 타자의 시선을 의식하게 된다. 욕망하는 주체는 자신이 보이는 존재라는 것을 깨닫고 자신에게 결핍된 것을 요구하는 과정을 무한하게 반복한다. 이러한 과정 속에서 욕망하는 주체는 타자 의식을 갖게 되고 사회성을 체득하게 된다. 그리하여 라캉은 주체를 해체함으로써 주체적 욕망의 근거, 즉 탈주체적 주체를 발굴하게 된 것이다.

국내에 번역 소개된 라캉의 저술은 선집으로 『욕망 이론』(문예출판사 1994)이 있고, 저서로는 『자크 라캉 세미나 11: 정신분석의 네 가지 근본 개념』(새물결 2008)이 있다.

또한 국내에 출판된 외국학자들의 라캉 소개서로는 아니카 르메르(문예출판사 1994), 마단 사럽(백의 1994), 딜런 에반스(인간사랑 1998), 맬컴 보위(시공사 1999), 질베르 디아트킨(교문사 2000), 엘리자베트 루디네스코(새물결 2000), 다리안 리더(김영사 2002), 슬라보예 지젝(웅진2007)의 것들이 있다.

정신분석학에 대한 해설서로는 셰리 터클(민음사 1995), 바이스 벤베누토(하나의학사 1999), 필리프 쥘리앵(한길사 2000), 대니 노부스(하나의학사 2002), 브루스 핑크(민음사 2002), 알렌카 주판치치(도서출판b 2004, 2005), 텐들라르르스(하나의학사 2004), 조엘 도르(아난케 2005)의 책들을 참고할 수 있다.

국내학자들의 라캉 관련 저술들로는 윤소영(공감 1996), 김종주(인간사랑 1998; 하나의학사 2003, 2008), 강응섭(백의 1999), 홍준기(문학과지성사 1999), 권택영(민음사 2001, 2003), 김보현(부산대학교출판부 2000), 김상환(창비 2002), 박찬부(문학과지성사 2006), 윤정윤(애플트리태일즈 2006), 이미선(한국학술정보 2006), 김석(살림 2007), 박시성(효형출판 2007), 김소연(도서출판b 2008), 김용수(살림 2008), 양해림(자음과모음 2008), 이승훈(월인 2009) 등이 있다.

8. 칼 포퍼

"완벽하게 정의된 개념은 없다."

칼 라이문트 포퍼(Karl Raimund Popper 1902~1994)는 과학철학, 정치철학, 역사철학, 사회과학방법론, 심리학 등의 분야에서 선구자로 평가받고 있는 철학자이다. 그는 열세 살 위인 비트겐슈타인, 그리고 스무 살 아래인 토마스 쿤과 치열한 대결을 벌이면서 독자적인 위치를 확보하였다.

마르크스의 전기를 썼던 이사야 벌린(Isaiah Berlin)은 포퍼의 저서 『열린사회와 그 적들』이야말로 마르크스주의에 대한 가장 철저하고 무서운 것이라고 지적하였으며, 포퍼의 제자 조지 소로스는 포퍼의 사상에 입각하여 주식투자를 함으로써 세계적인 갑부가 되었다. 가장 혹독한 검증을 버티고 살아남은 이론이 가장 튼튼하다고 말한 포퍼의 가르침을 바탕으로 주택경기 불황기에 살아남은 캘리포니아 저당 보험회사에 투자하여 막대한 이익을 챙겼던 것이다. 그는 스승의 책 이름을 따서 자신의 '열린사회재단'을 설립하였다.

노벨 의학상 수상자인 피터 미더워 경(Sir Peter Medawar)은 포퍼를 "아직까지 타의 추종을 불허하는 가장 위대한 과학철학자"라고 평가하였다. 노벨상 수상자였던 자크 모노(Jacques Monod), 존 에클즈(John

Eccles) 역시 포퍼로부터 결정적인 영향을 받았다. 신경생리학자인 존 에클즈는 포퍼의 이론을 자신의 연구에 적용하였으며, 다른 과학자들에게 포퍼를 공부하도록 적극 권장하였다. 저명한 수학자이자 천문학자인 허만 본디 경(Sir Hermann Bondi)은 '과학의 방법 이외의 것은 과학에 없으며, 포퍼가 말한 것 이외의 다른 과학의 방법은 없다'고 단언하였다. 포퍼의 절친한 친구이자 저명한 예술사가인 에른스트 곰브리치 경(Sir. E. Gombrich)은 자신의 저서 『예술과 환상』에 끼친 포퍼의 영향을 자랑스럽게 밝히고 있다.

폰 하이에크, 루돌프 카르납, 윌리엄 워렌 바틀리 3세, 임레 라카토스, 조셉 애거시 등은 그의 지적 영향권에 있으며, 그는 헬무트 슈미트, 헬무트 콜 독일 수상, 리하르트 폰 바이츠제커 독일 대통령, 바츨라프 하벨 체코 대통령, 브루노 크라이스키 오스트리아 수상, 일본 천황, 마거릿 대처 영국 수상 등은 포퍼를 정신적 지주로 여겼다.

칼 포퍼는 오스트리아-헝가리 제국의 수도 빈에서 태어났다. 그의 생가는 알레가세 16번지에 위치한 비트겐슈타인의 저택으로부터 그리 멀지 않다. 그의 아버지 시몬 지그문트 포퍼는 법학박사 학위를 가졌으며 1만 5천권이 넘는 장서를 소유한 지성적인 법률가였고, 그의 어머니는 음악에 대한 깊은 조예를 가지고 있었다. 그의 아버지는 노숙자를 위한 자선봉사단체에서 활동한 적이 있는데, 그 때 실업자였던 히틀러가 그곳에서 도움을 받은 적도 있다. 포퍼는 사회과학과 음악에 대한 두 가지 소양 모두를 물려받았다.

포퍼는 유대인 혈통을 지녔으나 비트겐슈타인이 가톨릭으로 개종한 것처럼 포퍼의 아버지는 개신교로 개종하였다. 이처럼 혈통 문제에서부터 포퍼와 비트겐슈타인은 여러 면에서 비슷한 점이 있다. 두 사람 모두 음악에 조예가 깊었으며, 교직과정을 수료하였고, 문화 및 학술계 인사들의 교류 역시 중첩되었다.

포퍼는 어렸을 때부터 우주와 세계가 무한한 것인지 아니면 유한한 것인지에 대하여 궁금해 했으며, 그것이야말로 진정한 철학적 문제라고 생각하였다. 또한 열다섯 살 때부터 본질의 문제에 대하여 회의하였다. 본질은 사물의 본성, 이데아, 언어와 그 의미에 관련된다. 포퍼는 완벽하게 정의된 개념 같은 것은 존재하지 않는다고 보았다. 모든 사물들의 너머에 그 존재 원형이 존재한다고 보았던 플라톤의 이데아론을 그는 어린 시절부터 부정했던 것이다.

포퍼는 1918년부터 빈 대학교에 비정규학생으로 등록하였으며, 이듬해 봄에 잠시 동안 공산주의에 빠진 적도 있었다. 그러나 빈에서 젊은 사회주의자들이 동지들을 탈출시키는 과정에서 총격사건이 일어난 광경을 목도하고 공산주의를 반대하는 입장으로 돌아섰다. 그는 알프레드 아들러의 아동보호병원에서 무급으로 일하였고, 공사판이나 개인지도 등의 일까지 가리지 않았다. 1922년에 입학시험을 거쳐 정규 학생이 되었는데, 대학에서 포퍼는 칸트의 저서를 독파하였다. 1924년에 초등학교 교사 자격을 취득하였다. 전문 목수 밑에서 도제생활을 마친 후에 포퍼는 보육교사로 일하는 동안 과학이론과 사이비 과학이론의 경계설정(구획)의 문제에 빠져 들면서 귀납의 원리로는 이 문제를 해결할 수 없다고 생각하게 되었다.

포퍼는 비트겐슈타인과 비슷한 운명을 가지고 태어났으나 성장 과정에서는 한 번도 만난 적이 없었으며, 그들의 철학도 판이하게 달랐다. 1927년 7월 15일 포퍼는 그의 약혼녀와 함께 경찰이 좌익시위대에 발포하여 85명이 사망한 사건을 직접 목격하였다. 바로 근처에 비트겐슈타인과 그의 누이 마르가레테가 있었다. 그녀는 나중에 프로이트를 알게 되는데, 프로이트는 그의 저서 『환상의 미래』를 그녀에게 헌정할 정도로 가까운 사이가 되었다.

한편 프로이트의 여동생 로자 그라프는 포퍼의 부모와 가까운 사이였으며, 1916년 휴가 나온 아들 헤르만과 함께 포퍼의 집을 방문한 적도 있다. 포퍼보다 다섯 살 위인 그는 곧 전사하고 말았다. 두 사람 모두 프로이트와 관련이 있지만, 비트겐슈타인은 자신의 후기사상을 심리치료에 비유한 반면에 포퍼는 프로이트주의를 "사이비 과학의 나약한 변종"이라고 매도하였다.

두 사람은 사범학교에서 철학교수 카를 뷜러의 지도를 받았는데, 비트겐슈타인은 그를 돌팔이라고 매도한 반면에 포퍼는 그를 매우 훌륭한 사람으로 평가하였다. 비트겐슈타인이 사범학교에 지원한 이유는 자원봉사였으나 포퍼에게 그것은 생존을 위한 선택이었다. 포퍼의 아버지는 극심한 인플레이션의 여파로 저축한 돈을 모두 잃었지만 비트겐슈타인 가문은 외국에 분산 예치하여 그런 위기를 피하였다.

1928년에 포퍼는 음악사, 철학, 심리학 시험을 통과하여 박사학위와 중등학교 교원자격증을 취득한다. 박사학위를 받기 몇 해 전부터 포퍼는 비트겐슈타인과 카르나프의 책을 꼼꼼하게 읽으면서 논리실증주의자들의 황금률이었던 검증가능성의 원리를 배척하였다. 비트겐슈타인을 위시한 논리실증주의자들은 참된 과학 명제가 되기 위해서는 관찰과 실험에 의하여 검증될 수 있어야 한다고 주장하였다.

포퍼는 검증이론의 한계를 분명하게 지적하고자 하였다. 그것은 흄과 러셀에 의하여 단편적으로 제시된 바 있다. 흄은 지금까지 매일 해가 떴다는 이유만으로 내일도 역시 해가 뜰 것이라고 확신할 수 있는 논리적 근거가 없다고 보았다. 러셀이 들었던 예화 역시 귀납법의 한계를 지적한 것이다. 매일 규칙적으로 모이를 받아먹던 닭이 내일도 역시 모이를 먹을 수 있을 것이라는 결론에 도달하였다면, 그와 같은 추론은 귀납법에 의한 것이다. 그러나 그 닭은 그 날 밤에 잡혀 먹히고 말았으며, 따라서 닭의 추론은 거짓이 되고 말았다. 포퍼는 귀납과 검증의 문제를 새로운 관점에서 볼 필요가 있다고 지적하였다.

검증의 원리는 미래 사실에 대하여 단정적으로 주장할 수 없는 한계가 있다. 따라서 "모든 까마귀는 까맣다." 라는 명제를 검증의 방식에 의하여 판정하는 것은 현실적으로 불가능하다. 지금까지 발견된 모든 까마귀가 검은 색이었다 하더라도 단 하나의 예외적 사실이 나올 경우에 그것은 폐기되어야 한다. 그런데 우리는 모든 까마귀를 확인하지 못한 상태에 있으며, 앞으로도 그럴 것이다. 그렇다면 "모든 까마귀는 까맣다." 라는 명제의 진위를 가리는 것은 아직 확정되지 않은 상태로 있다. 따라서 포퍼는 참된 과학명제를 가리는 기준은 검증 원리가 아니며, 그것이 앞으로 언젠가 특수한 사례에 의하여 반박되거나 폐기될 수도 있다는 반증 가능성의 원리로 대체되어야 한다고 제안하였다. 과학적인 명제는 반증의 위험 앞에 스스로 노출된 가설이어야 한다는 것이다.

그리고 1932년에 포퍼는 나중에 『인식 이론의 두 가지 근본 문제』로 출판된 방대한 분량의 원고를 완성하였으나 출판사를 찾지 못하다가, 원고를 대폭 줄인다는 조건으로 1934년 12월에 『탐구의 논리』(Logik der Forschung)를 낼 수 있었다. 그 영어판은 1959년에야 비로소 『과학적 발견의 논리』라는 제목으로 출간된다. 이 책으로 포퍼는 논리실증주의자들에게 유명 인사로 급부상하지만, 그들의 서클에 초청되지는 않았다. 논리실증주의의 중심인물이었던 모리츠 슐리크가 비트겐슈타인의 추종자였으며, 비트겐슈타인의 철학을 비판하는 포퍼를 마뜩하게 여기지 않아서였다. 오토 노이라트는 그런 포퍼를 빈 학파의 "공식적 적수" 라고 규정하였다. 포퍼는 형이상학적 명제를 부정하는 비트겐슈타인의 입장을 비판하였다. 그리고 명제들이 세계의 사태를 반영하고 있다는 사실에 대해서도 동의하지 않았다. 그 결과 포퍼는 논리실증주의자들에 의하여 철저하게 외면당하지 않으면 안 되었다.

포퍼는 자서전 『끝나지 않은 탐색』에서 "누가 논리실증주의를 죽였나?"라고 자문한 다음에 자신이 범인이라고 말하였다. 비트겐슈타인을 정신적 지주로 떠받들었던 논리실증주의는 이렇게 반증 원리라는 포퍼의 제안에 의하여 허망하게 무너지고 만 것이다. 포퍼는 흄과 러셀도 그 문제를 지적한 바 있는 검증이론을 폐기하였다. 검증의 원리는 미래 사실에 대하여 단정적으로 주장할 수 없는 한계가 있다. 따라서 포퍼는 참된 과학명제를 가리는 기준은 검증의 원리가 아니며, 그것은 앞으로 특수한 사례에 의하여 반박되거나 폐기될 수도 있다는 사실에서 반증 가능성의 원리로 대체되어야 한다고 보았다.

포퍼는 1936년에 하이에크와 우드저의 주선으로 뉴질랜드 캔터베리 대학의 강사직을 얻게 된다. 뉴질랜드에서 포퍼는 『탐구의 논리』에서 얻은 사고를 사회과학에 적용하는 일에 착수하였다. 1938년 3월 12일 오스트리아가 독일에 합병되었다는 소식에 큰 충격을 받은 포퍼는 곧바로 전체주의와 역사주의를 비판하는 저서의 집필에 착수하였다.

1944년에 포퍼는 『역사주의의 빈곤』을 하이에크의 『에코노미카』에 발표하였다. 역사주의란 역사발전에 내재하는 패턴이나 법칙을 발견하여 정확하게 예측할 수 있다는 입장이다. 전체주의나 공산주의가 바로 역사주의의 전형이다. 따라서 포퍼의 역사주의 비판은 전체주의나 공산주의와 같은 '닫힌 사회'의 모형을 비판하는 것이며, 포퍼의 저서 『역사주의의 빈곤』와 『열린사회와 그 적들』의 공통 주제이기도 하다.

1943년부터 집필에 착수하여 1945년에 출판된 『열린사회와 그 적들』에서 포퍼는 나치즘, 파시즘, 공산주의와 같은 전체주의 사상을 비판하고 있으며, 플라톤, 헤겔, 마르크스를 전체주의 사상의 근간이라고 단정하였다. 플라톤의 '철학자 왕'이나 헤겔의 '절대정신', 그리고 마르크스의 '유토피아' 이념은 그것이 타락했을 경우에 막을 수 있는 장치가 없다. 그것이 바로 '닫힌 사회'의 한계이다. 따라서 포퍼는 지도자가 타락했을 경우에도 피흘리지 않고 정권교체를 이룰 수 있는 민주주의만이 '열린사회'라고 보았다.

그러나 플라톤을 전체주의의 씨앗이라고 본 포퍼의 주장은 영국의 전통적인 플라톤주의자들을 자극하였다. 그것은 케임브리지대학출판부가 포퍼의 『열린사회와 그 적들』을 출판 거부한 이유이기도 했다. 비트겐슈타인이 있는 케임브리지대학은 포퍼를 받아들일 여지가 전혀 없었다. 미국에서도 출판이 거절되었다. 그나마 포퍼의 책이 영국에서 출판되고 그가 런던대학의 초청을 받을 수 있었던 것은 순전히 곰브리치와 폰 하이에크의 노력 때문이었다.

1945년에 포퍼는 하이에크의 주선으로 런던정치경제대학의 논리학과 과학방법론 강사로 초빙된다. 그리고 1946년 10월 25일 저녁 8시 30분, 그 유명한 케임브리지 킹스 칼리지 깁스빌딩 회의실(H3)에서 비트겐슈타인과의 격론을 벌였다. 이 사건은 단순한 해프닝이 아니라 비트겐슈타인과 포퍼의 태생적, 구조적 차이가 빚어낸 갈등이었다.

1949년에 포퍼는 런던정치경제대학 교수로 임명되고, 그 후부터 철학의 가도에서 제1인자로서 군림하게 된다. 1950년 하버드 대학교의 '윌리엄 제임스 강연'에 초청되고, 프린스턴에서 아인슈타인을 만났다. 1961년에는 독일 튀빙겐에서 아도르노와 함께 독일사회학대회에 참석하였고 옥스퍼드대학의 허버트 스펜서 추모강연을 하였다. 1962년에 『추측과 논박』이 출판되었는데, 이와 함께 토머스 쿤(1922~1996)의 『과학혁명의 구조』가 출간됨으로써 과학철학계에서는 '포퍼냐 쿤이냐'의 논쟁에 휘말리게 된다.

두 사람은 1965년 7월 13일 전 런던대학 베드퍼드 칼리지에서 열린 국제과학철학세미나에서 만났다. 포퍼는 과학이 추측과 논박을 통하여 누적적으로 발전한다고 보았으나, 쿤은 기존의 패러다임 안에서 해결되지 않는 문제가 증가하게 되면 과학의 위기가 초래되면서 패러다임이 혁명적으로 교체된다고 보았다. 그 해 포퍼는 영국 왕실로부터 기사작위를 받았다. 1972년에 『객관적 지식』, 그리고 1974년에는 포퍼의 자서전 『끝나지 않은 탐색』이 출간되었다.

국내에서의 포퍼 연구는 한국과학철학회에 의하여 주도되고 있다. 우리말로 번역된 포퍼의 저서들로는 『열린사회와 그 적들』(민음사 1980), 『역사주의의 빈곤』(벽호 1993), 『과학적 발견의 논리』(고려원 1994), 『추측과 논박』(민음사 2002), 『우리는 20세기에서 무엇을 배울 수 있는가?』(생각의 나무 2000), 『삶은 문제해결의 연속이다』(부글북스 2006), 『더 나은 세상을 찾아서』(문예출판사 2008), 『끝없는 탐구』(갈라파고스 2008)가 있다.

포퍼 철학에 대한 개론서는 브라이언 매기의 『칼 포퍼』(1990), 신일철의 『포퍼』(1990), 프레데릭 라파엘의 『포퍼』(2001)를 참조할 수 있다. 포퍼와 비트겐슈타인 사이의 논쟁은 데이비드 에즈먼드의 『비트겐슈타인은 왜?』(2001), 포퍼와 마르쿠제 사이의 논쟁은 『혁명이냐 개혁이냐』(1982), 그리고 포퍼와 쿤 사이의 논쟁은 스티브 풀러의 『쿤 포퍼 논쟁』(2007)이나 임레 라카토스의 『현대 과학철학 논쟁』(1987)에서 참고할 수 있다.

국내학자들의 포퍼 연구서로는 조용현(『칼 포퍼의 과학철학』, 1992), 이한구(『역사주의와 역사철학』, 1992), 신중섭(『포퍼와 현대의 과학 철학』, 1992; 『포퍼의 사회와 그 적들』, 1999), 박은진(『칼 포퍼 과학철학의 이해』, 2001) 등이 있다.

9. 테오도르 아도르노

"신화는 이미 계몽이었다. 그리고 계몽은 신화로 되돌아간다."

테오도르 아도르노(Theodor Wiesengrund Adorno 1903~1969)는 프랑크푸르트학파의 대표적인 학자로서 사회학, 심리학, 음악학 등의 발전에 지대한 공헌을 하였다.

아도르노는 독일 프랑크푸르트에서 유대인 출신의 포도주 판매상이었던 아버지 오스카 비젠그룬트(Oscar Wiesengrund)와 오페라 가수였던 코르시아 태생의 어머니 마리아 칼벨리 아도르노(Maria Calvelli Adorno) 사이에서 외아들로 태어났다. '비젠그룬트'라는 유대적인 어감이 싫어서 아버지 성을 빼고 어머니 성만을 사용하게 되었다고 한다. 김나지움에서 14살 때에 지그프리트 크라카우어(Siegfried Krakauer) 밑에서 칸트 강독을 하였으며, 그로부터 레오 뢰벤탈(Leo Löwenthal)을 알게 되었다.

아도르노는 1921년부터 프랑크푸르트대학에서 철학, 사회학, 심리학, 음악학을 공부하였다. 코르넬리우스(Cornellius)의 세미나에서 호르크하이머를 알게 되었고, 대학시절부터 음악비평가로 이름을 날리기도 하였다. 게오르그 루카치의 『소설의 이론』과 에른스트 블로흐의 『유토피아의 정신』으로부터 큰 감명을 받았다. 1924년에 그는 코르넬리우스 교수의 지도 아래 「후설의 현상학에서 사물적인 것과 노에마적인 것의 초월」

이라는 논문으로 철학박사 학위를 취득하였다. 이 때 그는 프랑크푸르트 음악축제에서 알반 베르크(Alban Berg)의 오페라를 보고 큰 감동을 받았다.

아도르노는 1925년에 알반 베르크와 쇤베르크(Arnold Schönberg)에게서 음악이론과 작곡을 배우기 위하여 오스트리아 비엔나로 향하였다. 그는 유명 피아니스트인 슈토이어만(Steuermann)에게 피아노를 배우면서, 쇤베르크의 작품에 대한 에세이를 발표하였다. 그는 쇤베르크 이후의 신음악을 철학적으로 해석함으로써 당대의 문화비평을 시도하였다. 1927년에 프랑크푸르트로 다시 돌아온 아도르노는 에른스트 블로흐, 베르톨트 브레히트, 발터 벤야민, 쿠어트 바일 등과 친교를 나누었다. 1927년에 후설과 프로이트를 연결한 『선험적 영혼론에서 무의식의 개념』으로 교수자격을 취득하고자 하였으나 실패하였다. 1929년부터 이듬해까지는 문화비평잡지 『여명』(Anbruch)의 편집자로 일하였다.

1931년 폴 틸리히의 지도 아래 『키에르케고르: 미적인 것의 구성』으로 교수자격을 취득하였으며, 프랑크푸르트대학에서 "철학의 현재성"이라는 제목으로 취임강연을 하였다. 그의 키에르케고르 책은 1933년에 히틀러가 정권을 잡은 바로 그날 출판되었다. 아도르노는 1932년에 창간된 『사회연구지』에 「음악의 사회적 상황」이라는 글을 실었는데, 여기에서 그는 음악의 구조 속에 함축된 사회적 모순을 제시하고자 하였다. 자본주의의 시장 지향성을 바탕으로 음악의 사회학적 의미를 규정하고자 했던 것이다. 1933년에 나치의 유대인 교수 면직조치로 인하여 교수자격을 박탈당한 아도르노는 이듬해에 영국으로 망명하여 옥스퍼드 머튼 칼리지(Merton College)에서 교수생활을 시작하였다. 1935년에는 칼 만하임을 알게 되었고, 헤겔 연구를 시작하였다. 그리고 1937년에 화학을 공부한 마르가레테 그레텔 카르플루스(Margarete Gretel Karplus)박사와 결혼하였다.

1938년에 다시 미국으로 망명하였으며, 나치의 학대를 피하여 뉴욕으로 옮긴 사회조사연구소의 정식 연구원이 되었다. 그가 미국에서 발표한 첫 논문은 「음악의 물신적 성격과 청음의 퇴화」였으며, 이듬해에 「라디오 음악의 사회적 비판」을 발표하였다. 여기에서 그는 현대사회의 물신주의와 독점체제, 그리고 순응주의와 그 사회적 반작용 등을 강조하였다. 아도르노는 1941년까지 '프린스턴 라디오 조사 프로젝트'의 음악 책임자를 맡았다. 1942년에 로스엔젤레스로 이주하여 1944년까지 호르크하이머와 함께 『계몽의 변증법』을 공동 집필하였다. 그 후 버클리 캘리포니아대학의 지원으로 44년부터 49년까지 사회차별에 대한 연구조사 프로젝트를 주도하였다. 『계몽의 변증법』은 1947년 암스테르담에서 출간되었다.

이 책은 아도르노와 호르크하이머가 마르크스, 쇼펜하우어, 니체, 딜타이, 프로이트, 베르그송, 베버, 벤야민 등의 문명 비판사상과의 대화를 통하여 계몽적 이성에 대한 비관주의적 견해를 제시하였다. 그것은 궁극적으로 독일정신의 원천이라고 할 수 있는 계몽의 이상에 대한 철학적 비판을 지향하고 있었다. 16, 17세기의 유럽에서는 근대적인 국민국가가 등장하고 있었지만, 독일(신성로마제국)은 수백개의 작은 영지로 나누어져 있었다. 30년 전쟁이 끝나면서 작은 나라에 불과하였던 프로이센이 종교의 자유를 바탕으로 급속하게 팽창하였으나, 1806년에 나폴레옹의 프랑스에 합병되고 말았다. 1812년에 나폴레옹의 러시아 공격이 실패하면서 프로이센 군대는 1814년에 파리를 점령할 수 있었다. 프로이센은 1849년부터 독일의 구심점이 되었으며, 1871년 빌헬름 1세는 베르사이유 궁전에서 자신을 독일제국의 황제로 선포하였다. 이 때부터 유럽에서는 독일의 정체성과 관련된 '독일 문제'가 거론되기 시작하였다. 독일제국은 제1차 세계대전(1914~1918)의 패망으로 몰락하였으며, 1919년의 바이마르공화국 탄생으로 이어졌다. 1920년대의 베를린은 문화의 황금시대였지만, 경제한파로 인하여 국가부도사태(moratorium)에 직면하게 되면서 국가사회주의 독일노동당(나치)이 출범하였다. 1923년에 발생한 뮌헨폭동으로 국민적 영웅으로 부각된 히틀러는 1933년에 정권을 장악하였으며, 1935년 9월 뉘른베르크 전당대회에서 '유대인 처리를 위한 법률'을 선포하였다. 국민국가로서의 독일의 탄생과 패배, 그리고 새로운 제3제국의 출현을 가능하게 했던 국수적 패권주의의 이면에는 '계몽의 야만'이 도사리고 있었던 것이다.

아도르노와 호르크하이머는 계몽의 개념을 오디세우스, 사드, 칸트, 니체로부터 도출하였으며, 문화산업과 반유대주의를 대중 기만과 현대적 야만을 주도하는 계몽활동으로 규정하였다. 칸트는 계몽을 "스스로에 기인한 미성숙으로부터 벗어나는 것이며, 미성숙이란 다른 사람의 인도 없이는 자신의 오성을 사용할 수 없는 무능력이다." 라고 정의하였다. 그리하여 계몽주의는 종교와 비합리주의를 탈피하고 비판과 자율성을 추구하는 과학 유토피아를 이상으로 제시하였다. 그러나 계몽의 약속은 오히려 인류에게 재앙과 저주를 불러왔다. 아도르노와 호르크하이머는 계몽이 '새로운 종류의 야만상태'로 추락하여 신화로 퇴보할 수밖에 없었던 것은 스스로를 반성하지 않았기 때문이라고 분석한다. 독일사상가들의 신화 연구로부터 비롯된 계몽주의 그 자체 속에 이미 반계몽적인 야만이 도사리고 있었다는 것이다. 독일정신은 계몽의 한계를 보지 못했던 것이다.

아도르노는 1949년에 독일로 귀환하여 프랑크푸르트대학의 철학·사회학 정교수가 되었으며, 사회조사연구소를 다시 설립하여 호르크하이머와 공동으로 운영하였다. 그는 사회비판이론으로 지식인 운동을 분석하는데 역점을 두었으며, 프로이트와 마르크스주의를 바탕으로 개인을 중시하고 권위주의를 탈피하려고 노력하였다. 이 때 『신음악의 철학』이 출판되었으며, 그 이듬해에 여러 학자들과 공동으로 『권위주의적 성격에 대한 연구』를 출판하였다.

아도르노는 음악에 대한 조예가 남달랐다. 그의 어머니가 성악가였으며, 그의 이모는 유명한 피아니스트였다. 그는 어려서부터 음악적인 환경 속에서 자랐으며, 철학을 공부하고 음악 속에 함축된 다양한 의미들을 철학적으로 기술하였다. 철학 박사학위를 마친 후에 빈에서 음악을 공부한 적도 있었다. 따라서 그의 철학적 사유의 중요한 부분들이 음악적 저작의 형태로 나타난 것은 결코 우연이 아닌 것이다. 그에게서 음악은 단순히 음악으로 그치는 것이 아니라 복잡한 그물망과 같은 사회현상을 함축하고 있다. 따라서 음악을 음악적 사고만으로 접근할 경우에 음악 속에 담겨있는 사회학적, 철학적 의미는 간과될 수밖에 없다. 루카치가 소설이론으로, 벤야민이 독일 비극과 복제예술론으로 철학을 시작한 것과 마찬가지로 아도르노는 쇤베르크 이후의 신음악 운동에 주목하면서 음악예술을 매개로 하는 사회비판을 시도하고자 하였다. 그는 쇤베르크의 음악양식사에서 근대성을 극복할 수 있는 계몽의 변증법에 대한 자기반성의 가능성을 찾으려고 하였다. 쇤베르크가 추구하였던 미학적 이상은 '창 없는 모나드'로서의 예술작품 속에 사회적인 역학관계들이 반영될 수 있는 가능성을 마련해 주는데 있었다. 이를 바탕으로 아도르노는 '엄격한' 음악이야말로 사회에 대한 '사회적 진실'을 대변한다고 규정하였다. 쇤베르크가 새롭게 도입한 음악적 진자(振子) 운동에서 아도르노는 모더니티를 극복할 수 있는 계몽의 반성적 알레고리를 발견했던 것이다. 그런 의미에서 아도르노는 자신의 저서 『신음악의 철학』이 『계몽의 변증법』의 보론(補論)으로 읽혀지기를 희망했던 것이다.

새로운 음악철학의 수립을 정점으로 아도르노는 계속해서 『미니마 모랄리아: 상처받은 삶에서 나온 성찰』(1951), 문화비평집 『프리즘』(1955), 『인식론의 메타비평』(1956), 『문학노트 1』(1958)과 같은 중요한 저작들을 발표하였다. 그리고 1958년에 사회조사연구소의 소장으로 취임하여 프랑크푸르트학파를 총괄 지휘하게 되었다.

아도르노는 1959년에 베를린 문학부문 비평상을 수상하였으며, 『음악도형: 음악론 1』과 『말러: 음악적 인상학』을 잇달아 출간하였다. 1961년에 그는 튀빙겐에서 열린 사회학대회에서 칼 포퍼와 더불어 실증주의 논쟁으로 더 잘 알려진 사회학 방법론 논쟁을 시작하였다. 그리고 계속해서 『음악사회학 입문』(1962), 『헤겔에 대한 세 연구』(1963), 『고유성이라는 은어: 독일이데올로기에 대하여』(1964), 『부정 변증법』(1966)을 출판하고, 프랑크푸르트시의 괴테상을 수상하였다.

『부정 변증법』은 아도르노의 후기 사상을 대표하는 작품이다. 그는 총체성을 지향하는 헤겔의 변증법과는 다른 부정의 변증법을 제안하였다. 헤겔의 변증법에서 테제와 안티 테제를 극복한 종합명제(Synthese)가 긍정적 동일성을 추구하는 것과는 반대로 아도르노는 그것까지도 다시 부정해야 한다고 주장하였다. 더 이상의 부정이 불가능한 상태는 유토피아이다. 그러나 우리에게 유토피아가 주어지지 않은 한, 부정의 힘으로써 비판은 계속되어야 한다. 비판적 부정은 궁극적으로 화해를 지향하며, 온전한 상태의 화해는 유토피아의 가능성 조건이다. 아도르노는 그와 같은 부정의 힘이 전 역사 속에서 전개되어 온 흔적을 예술에서 찾았다. 예술은 인류가 타락해온 과정, 즉 문명사를 부정적으로 인식하는 데서 생겨났으며, 따라서 예술 그 자체는 문명비판과 같은 것으로 이해될 수 있다는 것이다.

아도르노는 1968년에 발발한 5월 학생혁명 당시 그는 학생들과 첨예하게 대립하였다. 그는 사회조사연구소를 점령한 학생들을 경찰력을 동원하여 강제 해산시켰다. 그 때문에 아도르노는 학생운동세력으로부터 지탄을 받게 되었다. 학생운동에 비판적이었던 아도르노와 마르쿠제의 인기는 추락하였고, 이 운동을 지지하였던 푸코, 레비나스, 들뢰즈 등 프랑스 철학자들의 인기는 하늘을 찌를 기세였다. 아도르노와 마르쿠제는 나중에 하버마스를 통하여 복권되었다.

1969년 4월 22일에 1천 명 정도의 학생들이 운집한 프랑크푸르트대학의 대형 강의실에서 아도르노는 강의를 진행하고자 하였다. 그 순간 사회주의 독일 학생연맹에 소속된 학생들이 그의 강의를 저지하기 시작하였다. 칠판에 아도르노를 비방하는 글을 썼고, 세 명의 여학생들이 뛰쳐나와서 그에게 꽃을 던지고 젖가슴을 드러내놓고 야유하였다. 그것이 바로 아도르노의 마지막 강의 장면이었다. 당시의 정치적 상황이 전체주의로 흘러간다고 우려하였던 그는 6월 18일, 모든 강의를 취소하고 말았기 때문이다.『미학이론』을 집필하고 있던 그는 8월 16일 스위스에서 휴가를 보내던 중에 심장마비로 사망한다. 그가 사망한 이듬해에『미학이론』,『발터 벤야민』,『사회이론과 방법론에 대한 논문들』 등 유고집이 출판되었다.

우리나라에서 번역 소개된 아도르노의 저서들로는『신음악의 철학』(까치 1986),『사회과학의 논리』(이문출판사 1986),『아도르노의 문학이론』(민음사 1989),『음악사회학』(탑출판사 1989),『음악사회학입문』(삼호출판사 1990),『미적이론』(이론과실천 1991),『미학이론』(문학과지성사 1994),『한줌의 도덕』(솔 1995),『부정변증법』(한길사 1999),『계몽의 변증법』(문학과지성사 2001),『말러: 음악적 인상학』(책세상 2004),『프리즘』(문학동네 2004),『미니마 모랄리아』(길 2005) 등이 있다.

국내에 번역 소개된 외국학자의 아도르노 관련 저술로는 하르트무트

샤이블레(『아도르노』, 한길사 1997), 마틴 제이(『아도르노』, 시공사 2000), 맥스 패디슨(『아도르노의 음악미학』, 세종출판사 2003) 등이 있으며, 국내학자들의 저술로는 『아도르노와 현대사상』(김유동, 문학과지성사 1997), 『아도르노의 사회이론과 예술이론』(문병호, 문학과지성사 2001), 『아도르노와 자본주의적 우울』(이순예, 풀빛 2005), 『아도르노와 김우창의 예술문화론』(문광훈, 한길사 2006), 『아도르노 고통의 해석학』(이종하, 살림 2007), 『아도르노의 문화철학』(이종하, 철학과현실사 2007), 『비판과 화해: 아도르노의 철학과 미학』(문병호, 철학과현실사 2006), 『벤야민 & 아도르노』(신혜경, 김영사 2009) 등이 있다.

10. 한스 요나스

"너의 행위의 결과가 인간적 삶의 미래의 가능성에
대하여 파괴적이지 않도록 행위하라."

한스 요나스(Hans Jonas 1903~1993)는 고대 영지주의와 생태학적 과학철학을 연구하여 현대윤리학에서 책임의 문제를 집대성한 유대계 철학자이다. 그의 연구 분야는 초기 그노시스주의로부터 생명철학까지, 윤리학에서부터 사회철학까지, 그리고 우주론에서부터 유대 신학에 이르기까지 매우 광범위하였다. 그는 서양 문명화 위기에 대한 지적 근원을 찾는 일에 몰두하면서 인류에게 새롭고 긍정적인 삶의 방향을 제시하는 일에 그의 생애를 바쳤다.

요나스는 독일 뮌헨그라트바흐(Mönchengladbach) 태생의 유대인으로서, 1921년부터 1928년까지 프라이부르크, 베를린, 하이델베르크, 마르부르크대학에서 후설, 하이데거, 불트만으로부터 철학, 신학, 문화사를 공부하였다. 1930년에 하이데거와 불트만에게서 그노시스 개념에 관한 논문으로 박사학위를 받았다.

1930년에 나온 요나스의 처녀작 『아우구스티누스 그리고 바울의 자유문제』는 1928년 마르부르크대학에 제출한 논문이다. 히틀러 정권이 들어서면서 1933년에 영국으로 이주하였으며, 이듬해에 저서 『영지주의와 고대후기의 정신』 제1부인 『신화적 영지주의』를 출판하였다. 1935

년에 그는 팔레스타인으로 옮겼으며, 1938년부터 이듬해까지 예루살렘의 히브리대학교 강사로 활동하였다. 1940년부터 5년 동안 영국군에 자원 입대하였다가, 46년부터 48년까지 다시 예루살렘의 히브리대학교에서 강사생활을 하던 중 이스라엘 해방전쟁에 참여하였다. 1949년에 캐나다로 이주하여 몬트리올에 있는 맥길대학교의 교수로 취임하였으나, 1950년부터 54년까지 오타와의 칼톤대학교의 교수로 활동하였다.

1954년에 『영지주의와 고대후기의 정신』 제2부 1권 『신화학에서 신비철학으로』가 출간되었다. 이 책은 요나스가 사망했던 1993년에야 제1권과 2권의 합본이 출간되었으며, 이는 그가 철학을 처음 시작했을 때 잡았던 개념을 평생 동안 고민했다는 것을 의미한다. 그는 그노시스, 영지주의의 개념을 정신사적으로 접근하지 않고 하이데거의 초기철학을 방법론으로 차용하여 실존철학적 분석을 시도하였다. 동시에 당시 성서신화학 연구의 대가였던 불트만의 탈신화화 방법도 적극적으로 도입하였다. 하이데거의 현존재는 존재 이해에 관한 물음을 제기할 수 있는 유일한 존재이다. 요나스는 영지주의적 자기 해석이나 세계 해석은 고대적인 현실 해석보다는 새로운 자기 관계들의 근거에 대하여 근원적으로 새로운 세계 관점을 서술한다고 보았다. 이는 그노시스의 생성을 새로운 세계의 탄생으로 해석한 것이다.

1955년에 뉴욕사회연구소의 철학 교수로 초빙된 이후부터 1976년에 정년퇴임을 할 때까지 『무와 영원의 사이』(1963), 『삶의 현상』(1966), 『유기체와 자유』(1973) 등의 저서를 펴냈으며, 그 이후에도 『책임의 원칙』(1979), 『기술, 의학, 윤리학』(1985), 『아우슈비츠 이후의 신 개념』(1987) 등의 중요한 저서들을 집필하였다. 이 중에서도 특히 『책임의 원칙』은 지구의 생태문제에 대한 선지자적 저술로 알려진 그의 대표작이다. 1987년에 독일출판평화상을 수상하였으며, 1993년 2월 5일, 뉴욕

근교에 있는 자택에서 사망하였다.

요나스의 철학적 공적은 칸트의 의무윤리학을 블로흐의 희망철학과 연계하여 미래 인류의 생존에 대한 책임의식을 강조하였다는 사실에 있다. 지금까지의 윤리학은 현존하는 인간들 사이의 문제였으나 요나스는 미래의 인간존재까지도 고려해야 하는 것으로 시간적 지평을 확대하였다. 그는 현재 생태학적 위기 속에서 위협을 받고 있는 것은 '자연'이 아니라 '생물'이라는 점을 강조한다. 자연은 영속적이지만 생명현상은 대자연 속에서 하나의 찰나적인 사건에 불과할 수 있기 때문이다. 요나스는 인류의 기술남용에서 파생되는 생태위기의 문제를 개인적 차원의 금욕주의나 산업화에 근거하는 서구 민주주의 사상으로 해결하는 것은 불가능하다고 진단한다. 이것이 그가 새로운 형태의 정언명법과 정치윤리를 요구하게 된 배경이다.

요나스는 생태위기를 초래한 기술시대의 원동력이 과학주의와 유토피아주의에 근거하고 있다고 생각해서, 베이컨과 블로흐를 집중적으로 성토하였다.

베이컨은 지식권력을 가장 선명하게 주창했던 근대의 과학철학자였다. "아는 것이 힘이다." 이것은 과학적 지식과 기술만이 자연을 지배할 수 있으며, 오직 그로부터만 권력이 얻어질 수 있다는 생각을 단적으로 반영하고 있다. 인간은 이성의 힘으로 자연 속에 숨어있는 법칙을 파악하여 자연을 무한하게 지배하고 착취할 수 있는 길을 열었다. 그러나 요나스는 바로 그와 같은 베이컨주의가 인간 자신을 무기력하게 만들었으며, 인간의 생존까지도 위협할 수 있는 비인간적이고 반생명적 문화를 창출했다고 비판하였다. 과학기술주의는 결국 인간이 기술권력에 대한 통제력을 상실하게 되면서부터 자연 생명과 인간의 생존을 위협하고 있다는 것이다. 따라서 새로운 시대의 철학은 바로 인간의 도덕성으로부터 이탈된 통제 불가능한 기술권력을 제어할 수 있는 가능성 조건에 대한 생태학적 사유를 지향하지 않으면 안 되는 것이다.

요나스에게 베이컨이 과학기술주의를 대변한다면 에른스트 블로흐는 유토피아주의를 대변하는 사상가였다. 따라서 그는 블로흐의 희망의 철학이나 구체적 유토피아론이 가장 전형적인 유토피아주의라고 이해한다. 블로흐의 토대 사상은 마르크스주의이다. 요나스는 마르크스주의 역시 서구의 과학기술과 산업혁명에서 뿌리내린 자본주의 토양에서 생겨났다는 사실에 주목하였다. 자본주의와 마찬가지로 공산주의 역시 근대 과학정신, 즉 베이컨주의의 산물인 것이다. 따라서 유토피아주의는 베이컨의 자연지배사상과 마르크스의 사회혁명사상이 한데 어우러진 필연적 귀결일 것이다.

요나스의 유토피아주의 비판은 결국 블로흐의 희망철학을 성토하는 것으로 나타났다. 블로흐는 진정한 창조는 역사의 시초가 아니라 마지막에 있다고 강조함으로써, 현재와 과거보다는 미래의 차원을 철학적 사유의 대상으로 삼았다. 그가 중시하는 사유 범주가 '아직-아님'(Noch-Nicht)인 것은 우연이 아니다. 다만 블로흐는 태초의 창조와 미래의 진정한 창조 사이에 극단적인 단절을 설정하였다. 그러면서 블로흐는 역사의 마지막 시점에서는 '모든 것'이거나 '아무것도 아닌 것' 사이의 양자택일이 요구될 것이라고 가정하였다. 블로흐는 핵전쟁과 같은 인간기술의 폐해가 지구를 멸망시키는 것과 함께 인간의 자유를 향유할 수 있는 지상적 유토피아를 동시에 상정하면서, 자유의 왕국에 대한 희망이 인류의 멸망보다 더 큰 가능성을 가지고 있다고 예견하였다.

그러나 요나스는 지금 우리가 처해있는 생태학적 위기는 유토피아주의가 낙관하는 것에 비하여 훨씬 더 비관적이라고 진단한다. 지금까지는 비록 과학기술의 진보가 인류문명의 비약적인 진보를 촉진해 왔다고 하더라도, 이 상태로 방치될 경우에 자연은 더 이상 감당할 수 없게 되어, 결국에는 자연이 인류의 유토피아주의에 대하여 거부권을 행사할 것이라고 보았다. 요나스는 자연이 인내할 수 있는 정도를 이미 넘어섰다고 경고한다. 인구가 기하급수적으로 증가함으로써, 천연자원과 화석에너지가 고갈되고, 지구온실 효과에 의하여 이상기후 현상이 잦아지면서 지구 황폐화가 가속화 되고 있다는 것이다. 선진국들의 행복추구권이 개발도상국의 자립을 저해하고 제3세계 국민들의 생존권을 위협하는 현상 역시 인간과 인간, 민족과 민족의 갈등을 부추기는 요인이 되고 있으며, 결국 자연으로부터의 마지막 거부권이 행사될 수밖에 없는 것이다.

따라서 요나스는 유토피아주의가 던지는 지구 희망의 메시지보다는 지구 책임에 대한 우려와 호소에 관심을 가져야 한다고 역설한다. 요나스는 반유토피아주의를 통하여 지구와 자연에 대한 지배욕구를 포기하거나 절제할 것을 요구한 것이다. 그는 지구 자원을 보호하기 위하여 종교신앙이나 절제된 생활태도에 호소하는 것뿐만 아니라, 필요하다면 전제정치까지도 생각해 볼 수 있다는 입장이다. 종교신앙은 너무나 느슨하기 때문에 효과적으로 환경을 보호하기 위해서는 선의의 전제정치, 즉 계몽과 강제를 아우른 전제주의가 정당화될 수도 있다는 것이다.

요나스는 한 사회가 기술개발의 가능성을 자발적으로 포기하게 하기 위해서는 권력이 반드시 평화적으로 사용될 필요가 없다고 주장한다. 그는 도덕적인 개인보다는 공동체의 이익을 우선적으로 고려하는 절대권력이야말로 폭발적인 인구증가나 반생태학적 정책을 저지하는데 효율적이라고 진단하였다. 살아있는 생명을 구하려면 절대 권력을 통한 통제가 불가피하다는 것이다.

생태학적 위기에서 인류의 생존을 지켜내는데 필요한 인식 기제가 있다. 그것은 바로 '공포의 발견술'(Heuristik der Furcht)이다. 그는 과학기술시대에서 인류의 문명이 초래할 위기에 대하여 아무런 의식이나 조심성이 결여된 상태를 경고하기 위하여 이 개념을 도입하였다. 유토피아론자들은 희망의 원리에 의하여 미래의 청사진만을 강조하고 있다. 그러나 요나스는 그 청사진들과 함께 초래될 결과적 위협을 미리 살펴보아야 한다고 강조한다. 핵의 평화적 사용이 언젠가 미래 인류에게 더 이상 생존할 수 없는 자연의 초토화를 초래할 것이라는 사실 앞에서 섬뜩한 공포감을 느끼게 될 경우에만 미래 인류의 생존을 위하여 현재의 환경정책을 수정하거나 폐기할 수 있다는 것이다.

그리하여 요나스가 제시하는 책임의 원리는 전통적인 윤리학에서의 책임 개념의 차원을 넘어서게 된다. 전통 윤리학에서는 행위 결과에 대한 인과적 책임이나 그와 같은 행위를 가능하게 한 도덕적 심정을 문제삼고 있다. 윤리학적 상벌은 과거 사실에 초점이 맞추어져 있다. 그러나 생태학적 시대의 책임 개념은 미래 사실에 대한 예측을 전제로 하며, 아직 행하여지지 않거나 도래하지 않았지만 현재의 행위 관행이 필연적으로 그와 같은 사태를 초래할 수밖에 없는 위험사태를 미리 예방하는 방식으로 기능해야 한다. 생태계의 위기에 직면한 현대인은 미래의 부정적 결과와 위험사태를 예견함으로써 '마땅히 해야 할 것'과 '해서는 안 될 것'을 결정해야 하고, 그에 대한 책임을 감수해야 한다.

요나스는 여기에서 자연 생명의 존재권리에 대한 인간의 책임을 '존재론적 책임'으로 규정하면서, 인간이 환경세계에 대하여 유념해야 할 세 가지 관점을 제시한다.

첫째로 자연 생명에 대한 인간의 책임은 '전체성'(Totalität)이라는 특징을 갖는다. 책임의 전체성이란 관심을 가져야 하는 대상의 모든 것에 대하여 책임감을 가져야 한다는 것을 뜻한다. 부모가 자녀에 대하여 신체 성장이나 정신 교육, 그리고 미래의 행복까지 전체적으로 책임감을 갖는 것과 마찬가지이다.

둘째로 자연 생명에 대한 인간의 책임은 '계속성'(Kontinuität)이라는 특징을 갖는다. 책임의 계속성이란 책임감을 느껴야 하는 대상 존재에 대하여 지속적인 관심을 가져야 한다는 사실을 뜻한다. 이와 같은 책임의 계속성은 책임의 전체성으로부터 자연스럽게 귀결된다.

셋째로 자연 생명에 대한 인간의 책임은 '미래'(Zukunft)라는 특징을 갖는다. 책임의 미래란 책임감을 느껴야 하는 대상 존재의 미래까지도 지속적인 관심을 기울여야 한다는 사실을 뜻한다. 자식의 미래 행복에 저해되는 일들이 무엇인지를 미리 걱정하고 설계하는 부모의 심정처럼 자연 생명의 미래에 대한 예견의식을 가져야 한다.

이와 같은 자연 생명에 대한 인간의 윤리적 태도는 요나스에 의하여 새로운 정언명법으로 다듬어진다. 정언명법이란 본래 칸트 윤리학에서 반드시 무조건적으로 따라야 할 행위 법칙을 뜻한다. "너의 의지의 행위 원칙이 보편적 입법의 원리에 타당하도록 행위하라." 라는 칸트의 정언명법은 바로 도덕법이었다. 그런데 요나스는 칸트의 정언명법이 과거 행위에 한정되어 있다고 비판하면서 미래의 행위 사실까지도 구속성을 가질 수 있도록 변형할 것을 촉구하였다. 칸트의 정언적 명법을 생태학적으로, 그리고 존재론적 책임이론에 부합되게 수정함으로써 자신의 행위 결과가 미래에서 지속되는 인간 활동과 일치할 것을 요청한 것이다. 이것이 바로 정언명법의 생태학적 변형이다.

요나스의 책임의 원리는 칸트의 정언명법을 생태학적으로 변형한 것이다. 그리하여 지구환경의 위기를 극복하기 위하여 새롭게 요구되지 않으면 안 되는 생태학적 정언명법은 "너의 행위의 결과가 지구 위에서의 진정한 인간적 삶의 지속과 일치되도록 행위하라." 는 명제, 그리고

"너의 행위의 결과가 인간적 삶의 미래의 가능성에 대하여 파괴적이지 않도록 행위하라." 라는 명제로 정식화되기에 이른다.

국내에 번역 소개된 한스 요나스의 저서로는 『책임의 원칙: 기술 시대의 생태학적 윤리』(서광사 1994), 『생명의 원리: 철학적 생물학을 위한 접근』(아카넷 2001), 『기술 의학 윤리: 책임 원칙의 실천』(솔출판사 2005), 『물질 정신 창조: 우주의 기원과 진화에 관한 철학적 성찰』(철학과현실사 2007)이 있으며, 국내학자의 소개서로는 김진(『칸트와 생태사상』, 철학과현실사 2003), 양해림(『한스 요나스가 들려주는 환경 이야기』, 자음과모음 2008) 등이 있다. (이 글은 필자의 『철학의 현실문제들』, "환경윤리란 무엇인가?" 중에서 '한스 요나스' 부분을 일부 발췌하고 새로 보완하였다.)

11. 한나 아렌트

"두려운 교훈은 말과 사고를 허용하지 않는
악의 평범성이다."

한나 아렌트(Hannah Arendt 1906~1975)는 시몬느 베이유, 로자 룩셈부르크, 에디트 슈타인과 더불어 유대인 출신의 4대 여성사상가로 유명하다. 특히 '제2의 로자 룩셈부르크'로 불리기도 한다. 하이데거와 야스퍼스에게서 사사 받은 그녀는 전체주의와 악의 평범성, 그리고 정치적 판단능력의 문제에 대하여 탁월한 연구 업적을 쏟아내었다. 전세계적으로 아렌트 열풍이 불고 있으며, 우리나라에서도 그녀의 중요한 작품들이 번역 소개되고 있다.

아렌트는 1906년 독일 하노버의 한 유대인 가정에서 태어났으나, 세 살 때 부모의 고향인 쾨니히스베르크(철학자 칸트의 도시로서 현재는 러시아령 칼리닌그라드)로 이주하였다. 그녀는 일곱 살 때인 1913년에 아버지와 할아버지가 동시에 죽은 탓으로, 어머니의 영향을 받으면서 로자 룩셈부르크와 리프크네히트를 비롯한 독일 사회민주당 좌파에 친숙하게 되었다. 그녀는 고등학교 2학년 때 반항한다는 이유로 퇴학을 당하였다. 그 후 베를린대학에서 고전과 신학을 공부하면서 대학입학자격시험에 합격하여 마르부르크대학으로 갔다.

1924년에 아렌트는 마르부르크 대학에서 하이데거의 "존재와 시간"

강의를 들으면서 현상학을 연구하였다. 아렌트와 하이데거의 부적절한 관계는 사제간의 러브 스토리로 매우 유명하다. 1925년에 아렌트는 하이데거와 결별하고 하이델베르크대학의 야스퍼스에게 지도를 받게 된다. 1925년 한 학기 동안 프라이부르크대학에서 후설의 지도를 받았으며, 거기에서 한스 요나스와 시온주의 지도자 쿠르트 블루멘펠트를 알게 되었다. 1929년에 그녀는 「아우구스티누스에 나타난 사랑의 개념」이라는 논문으로 철학박사 학위를 받았으며, 파리에서 귄터 슈테른과 결혼하였다.

아렌트는 아우구스티누스의 사랑 개념의 분석을 통하여 세계애 사상을 정초하였다. 아우구스티누스는 사랑의 개념을 욕망(appetitus)과 자비(caritas)로 구분하였는데, 아페티투스는 공포와 궁핍으로터 벗어나 궁극적 선을 완전하게 충족시키려는 인간의 활동인 반면에 카리타스는 지상적인 삶의 한계를 벗어나서 천상적인 삶을 동경하는 인간의 활동이다. 욕망이 지상적인 것에 대한 욕구라고 할 때 자비는 천상적인 것에 대한 욕구일 것이다. 아우구스티누스는 인간에게는 정신의 자족성이 주어져 있으므로 카리타스를 추구하는 것이 가능하다고 보았다. 그러나 아렌트의 생각은 다르다. 지상적인 가치에 예속되어 있는 인간이 천상적 가치, 즉 카리타스를 실행에 옮기는 것이 어떻게 가능한가를 물었던 것이다. 그녀는 현실과 세계를 부정하는 아우구스티누스의 사랑 개념은 결국 인간의 실존적 행위 조건으로서 언제나 이미 전제되지 않으면 안 되는 생명의 탄생 그 자체까지도 부정할 수 있다고 보았다. 그리하여 아렌트는 이 유한한 세계를 사랑하는 것은 새로운 시작을 가능하게 하는 탄생을 긍정함으로써만 가능하다고 보았다.

아렌트는 1930년에 베를린으로 옮겨 시온주의 운동을 도왔다. 1933년에 히틀러가 집권하자 아렌트의 남편 슈테른은 나치의 검거를 피하여 파리로 망명했지만 아렌트는 남아서 좌파 인사들에게 은신처를 제공하다가 체포되어 잠시 투옥되었다. 출감 즉시 아렌트는 어머니와 함께 파리로 이주하였는데, 이때부터 18년 동안의 기나긴 세월을 무국적자로서 생활하게 된다. 아렌트의 '무국적성'이라는 개념은 레비나스의 '타자' 개념과 상보적이다.

아렌트는 1934년 파리에서 브레히트, 벤야민, 츠바이크 같은 지식인들과도 교류하였다. 1936년에는 하인리히 블뤼허를 만났다. 그녀는 남편과 함께 유대인들에게 미국 망명을 주선하는 등 난민 구제 활동을 하였다. 1940년에 블뤼허와 재혼하였으며, 파리가 독일군에 함락되자 미국으로 망명해서 뉴욕에 정착하였다가, 10년 후인 1951년에 미국 시민권을 얻었다. 1950년 한국전쟁이 발발하자 그녀의 대표작이 될『전체주의의 기원』의 출판을 서둘러서 1951년에 간행하였다. 이 책에서 그녀는 지상의 지옥이라고 할 수 있는 전체주의에 대한 자신의 저항정신을 그대로 기술하고자 하였다. 유럽의 근대 민족국가가 형성되는 과정에서 유대인들에 대한 부정적인 생각들이 반유대주의라는 이데올로기로 급부상되고, 그것이 다시 제국주의의 출현으로 편견적인 인종주의와 결합하면서 민족국가 내지는 국민국가의 법적 보호를 받지 못하는 난민들이 속출하게 되면서 인간적 조건을 근본적으로 박탈당하게 되는 현상, 특히 '무국적성'의 문제를 면밀하게 분석하였다. 동일한 체험을 가지고 있었던 레비나스 역시 이 문제를 '타자'로서의 메시아 이론에 담았다. 지구상의 어떤 국가로부터도 법적 보호를 받지 못하는 난민들에 대한 박해는 전체주의와 제국주의가 빚어낸 필연적 귀결로서 나치의 홀로코스트와 스탈린의 강제수용소라는 현상으로 나타났다. 이 두 사태를 설명하기 위하여 아렌트는 근본악의 개념을 설정하였으며, 왜곡된 영웅주의가 빚어낸 극단적인 악행으로 규정하였다.

이어서 한나 아렌트는 『인간의 조건』(1958), 『과거와 미래 사이』(1961)를 출판하였고, 1959년에는 독일 함부르크시가 제정한 레싱 상의 초대 수상자로 선정되기도 하였다. 그녀는 미국에서 출판사 편집자와 연구소 연구원 등을 거치면서, 1963년 시카고 대학 교수가 되기까지 버클리, 프린스턴, 콜롬비아 대학 등에서 강의와 저술 활동에 몰두하였다.

『인간의 조건』은 의미 있는 인간적인 삶의 조건을 실존적 차원에서 분석한 책이다. 그녀는 인간의 실존 조건을 생명, 세계성, 다원성으로 규정하고, 이를 노동, 작업, 행위라는 고유한 활동 유형과 연결지었다. 인간 존재가 성립되기 위해서는 우선 그가 생명을 가진 존재이어야 하며, 자연 속에서 자기 자신의 존립을 가능하게 하는 지속적인 세계를 가져야 하며, 소통할 수 있는 다른 사람들이 존재해야 한다는 것이다. 그와 같은 세 가지 인간 실존의 조건은 그 고유한 활동 양식을 전제하고 있다. 인간의 생명을 유지하기 위해서 필요한 것은 노동이라는 활동이며, 자신의 세계(인공세계)를 구축하기 위해서 필요한 것은 도구적 생산과정으로서 작업 활동이다. 그리고 이 두 가지 활동을 유기적으로 통합 관리할 수 있는 행위 활동도 필수적으로 요구된다. 그런데 아렌트는 생명, 세계성, 다원성에 각각 대응하는 노동, 작업, 행위라는 인간 실존의 조건은 또 다시 탄생과 사멸, 그리고 거주지로서 지구를 필요로 한다고 보았다. 그것은 지구의 건강한 보존을 전제로 하는 이 세상에 대한 사랑(amor mundi)을 뜻한다. 그러나 이와 같은 인간실존의 조건을 근본적으로 위협하는 것이 있다. 그것은 바로 전체주의이다. 전체주의는 이 모든 것들을 목적으로 대하지 않고 수단이나 도구로 영속화함으로써 인간의 가치를 실현할 수 있는 세계창조의 시작을 불가능하게 만든다는 것이다. 근본악을 배태하고 있는 전체주의를 극복하는 것이야말로 인간의 조건을 확보하는데 필요한 가장 시급한 과제인 것이다.

전체주의 연구에서 그녀가 제기하였던 근본악의 문제는 1963년 2월부터 다섯 번에 걸쳐서 『뉴요커』(New Yorker)에 게재한 아돌프 아이히만(Adolf Eichmann)의 재판 기사에서 근본적으로 검토되었다. 이 기사는 『예루살렘의 아이히만』(1965)이라는 책으로 출판되었다. 이 책은 대중을 위한 것이었으나 엄청난 학술적 논쟁을 불러일으켰다.

홀로코스트의 총 지휘자는 히틀러였지만, 작전명 '최종해결책'을 직접 수행하였던 학살의 주범은 아이히만이었다. 아이히만의 범죄 행위를 어떻게 규정할 것인가? 그는 독일 패전 후 아르헨티나의 부에노스아이레스에서 이스라엘 비밀경찰에 체포되었으며, 1961년 4월 11일 예루살렘 지방법원에서 재판을 받았다. 이 때 아렌트는 미국의 교양잡지 『뉴요커』의 청탁으로 아이히만 재판을 취재하게 되었다. 아렌트는 이 재판 기사에서 아이히만의 범죄행위에 '악의 평범성'(Banalität des Bösen)이라는 개념을 적용하여 주목을 받았다. 그것은 유대인 지식인들로부터 거대한 분노로 나타났으며, 일반인들에게조차도 선뜻 이해되지 않았다. 어떻게 만인이 공노할 아우슈비츠 범죄를 저질렀던 악이 평범하다고 규정될 수 있는가?

실제로 재판 중에 아이히만은 자신의 죄를 전혀 인정하지 않았으며, 양심의 가책도 받지 않았다. 이스라엘의 시온주의자들은 아이히만이 일말의 양심이라도 가지고 있었다면, 그토록 무참한 학살 명령을 거부했을 것이라고 분개하였다. 그러나 아이히만은 오히려 자신이 만일 인종을 청소하라는 상부의 명령을 이행하지 않았더라면, 그 때문에 더 큰 양심의 가책을 받았을 것이라고 토로하였다. 그는 자신에게 부과된 법적 책임을 이행하는 것이 옳다고 믿었던 지극히 평범한 사람들의 생각을 가지고 있었던 것이다. 다시 말하면 그는 어떤 도덕적인 판단능력도 갖추고 있지 않았으며, 법 규정을 지키는 것만이 자신의 책임을 다하는 것이라는 생각에 사로잡혀 있었던 것이다. 그 때문에 그는 사형을 당하면서도 결코 자신의 죄를 인정하지 않았던 것이다. 아렌트는 아이히만의 범죄가 그 자신의 판단 및 사유 능력이 무능한 데서 비롯되었다고 보았다. 아이히만은 자신이 의무라고 여겼던 행위들이 범죄로 규정될 수 있다는 사실에 대한 판단 능력을 가지고 있지 않았으므로 양심의 가책도 느낄 수 없었던 것이다.

아렌트는 아이히만을 '너무나도 평범한 사람', '자기가 한 일을 전혀 깨닫지 못했던 자'라고 평가하였다. 사실 '악의 평범성'이라는 아렌트의 개념은 제2차 세계대전이 끝난 후에 하버마스와 아펠과 같은 독일의 지성인들이 자신들의 행위를 악하다고 생각하지 못했다는 사실 앞에 당혹스러워 하는 데서 극명하게 드러났다. 아이히만이 자신의 범죄 행위를 준법적 행위라고 믿고 있었던 것처럼, 독일 국민들 모두가 그 악의 평범성을 자각하지 못했던 것이다.

아렌트의 생각은 시온주의자들의 반발을 불러일으켰다. 가장 대표적인 시온주의 학자였던 거숌 숄렘(Gershom Sholem)은 아렌트가 유대인에 대한 사랑을 가지고 있지 않다고 비난하면서 공개서한을 보냈다. 그녀가 유대인이 아닌 것처럼 보편적 관점에서 아이히만의 재판을 다루었다는 비판에 직면하였다. 아렌트는 자신이 독일에서 시온주의자들을 도왔다는 사실까지 환기시켰으나, 그녀의 책은 2000년도까지 이스라엘에서 출간되지 못하였다. 아렌트는 그 논쟁을 '나와 유대인 간의 전쟁'이라고 술회하였다. 리처드 번스타인(Richard J. Bernstein)은 『한나 아렌트와 유대인 문제』라는 책에서 이 논쟁을 다루었다.

같은 시기에 『혁명론』(1963)이 출판되었다. 이 책은 소련군의 개입으로 좌절 당하였던 1956년의 헝가리 혁명에서 착안하였으며, 특히 1959년 봄 프린스턴대학에서 열린 '미국과 혁명정신'이라는 세미나는 아렌트로 하여금 건국 행위에 관한 연구를 수행하도록 자극하였다. 그녀는 『인간의 조건』에서 제시한 '새로운 시도로서의 행위'라는 개념의 역사적 사례를 헝가리 혁명과 미국의 건국 혁명에서 발견하고자 하였다.

1967년에 아렌트는 사회연구 뉴스쿨(New School for Social Research)의 전임교수로 초빙되었다. 그리고 1968년에 야스퍼스에게 열렬한 찬사를 보낸 『어두운 시대의 사람들』, 1970년에 베트남 반전 시위와 제3세계의 혁명 이데올로기 사상을 반영한 『폭력에 대한 성찰』을 연이어 출간하였다. 70년부터 그녀는 칸트의 정치철학에 대한 세미나를 진행하면서 '판단'의 문제를 다루었다. 그녀의 세미나 강의안은 나중에 『칸트 정치철학 강의』(1982)라는 책으로 출판되었다. 계속해서 그녀는 미국의 건국정신을 위협한 조직적인 기만과 독선을 고발할 목적으로 『공화국의 위기』(1972)를 썼다. 1973년에 애버딘 대학의 기퍼드 강연에서 '정신의 삶: 사유'를 강의를 했으며, 계속해서 '정신의 삶: 의지'를 강의할 계획이었으나 심장질환으로 중단하였다. 그것들은 『인간의 조건』의 후속편으로서 그녀의 지적 여정을 함축적으로 드러내고 있는 『정신의 삶: 사유/의지』(1978)를 미완의 작품으로 남겨두었다. 아렌트는 1975년에 하이데거가 죽기 전에 마지막으로 만났다. 그녀는 『정신의 삶』 제3부 '판단'을 집필하고자 하였으나, 1975년 12월 4일 친구들과 저녁 식사를 마친 후에 심장마비로 세상을 하직하였다.

국내에 번역 소개된 아렌트의 저술로는 『어두운 시대의 사람들』(문학과지성사 1983), 『인간의 조건』(한길사 1996), 『폭력의 세기』(이후 1999), 『칸트 정치철학 강의』(푸른숲 2002), 『혁명론』(한길사 2004), 『정신의 삶 1: 사유』(푸른숲 2004), 『과거와 미래 사이』(푸른숲 2005), 『전체주의의 기원』(한길사 2006), 『예루살렘의 아이히만』(한길사 2006), 『정치의 약속』(푸른숲 2007) 등이 있다.

국내에 소개된 외국학자들의 아렌트 관련 저술로는 알로이스 프린츠(『한나 아렌트』, 여성신문사 2000), 다나 빌라(『아렌트와 하이데거』, 교보문고 2000), 엘리자베스 영-브륄(『한나 아렌트 전기: 세계 사랑을 위하여』, 인간사랑 2007), 필립 한센(『한나 아렌트의 정치이론과 정치철학』, 삼우사 2008) 등이 있다.

국내학자들의 아렌트 관련 연구서로는 김비환(『축복과 저주의 정치사상』, 한길사 2001), 김선욱(『정치판단이론』, 푸른숲 2002), 김광식(『한나 아렌트가 들려주는 전체주의 이야기』, 자음과모음 2006), 김선욱(『한나 아렌트가 들려주는 전체주의 이야기』, 자음과모음 2008), 박홍규(『누가 아렌트와 토크빌을 읽었다 하는가』, 글항아리 2008) 등이 있다.

12. 엠마누엘 레비나스

"초월이란 존재의 타자에게로 가는 것이다."

엠마누엘 레비나스(1906~1995)는 리투아니아 태생의 유대계 프랑스 철학자로서 후설과 하이데거에게서 공부한 후 이들을 프랑스에 최초로 소개하였다. 그는 윤리학을 제1철학으로 선포함으로써 아리스토텔레스 이후 형이상학을 제1철학으로 존중해왔던 서구철학사의 전통을 정면으로 거부하였다. 그것은 소크라테스의 합리성 전통에 근거한 서구철학을 깨부수었던 니체의 '망치'에 버금가는 조처였다. 그러나 니체가 또 다른 전체주의, 즉 히틀러의 파시즘을 불러온 것과는 반대로 레비나스는 파시즘에 도전하는 사상을 제시하고자 하였다.

레비나스가 태어날 당시 리투아니아는 러시아의 황제가 통치하였다. 어린 레비나스는 러시아어와 히브리어를 배웠으며, 구약성서와 탈무드, 도스토예프스키, 톨스토이, 푸쉬킨, 고골리 등의 러시아 문학과 세익스피어에 심취하였으며, 이러한 독서가 나중에 플라톤과 칸트를 읽는데 많은 도움이 되었다고 술회한 바 있다.

1923년에 레비나스는 프랑스의 스트라스부르대학에서 샤를르 블롱델(Charles Blondel)과 모리스 프라딘(Maurice Pradines)에게서 철학 공부를 시작하였다. 당시에는 베르그송의 철학이 유행하였으며, 1926년에

모리스 블랑쇼(Maurice Blanchot)와 친교를 갖게 되었고, 그로부터 프루스트와 발레리를 알게 되었다. 그는 블랑쇼에 대한 상당수의 글을 발표하였는데 그것들은 1975년에 책으로 출판되었다. 후설의 제자 장 에링(Jean Héring)에게서 현상학을 배웠으며, 그의 소개로 후설이 있는 독일 프라이부르크로 갔다.

1928년부터 1929년까지 프라이부르크대학에서 후설과 하이데거의 지도를 받았다. 후설의 마지막 세미나 '현상학적 심리학의 개념에 관한 강의'(1928)와 '상호주관성의 구성에 관한 강의'(1928~1929)를 들었으며, 하이데거의 『존재와 시간』을 읽었다. 그는 하이데거의 철학사상에 대해서는 격찬을 아끼지 않았지만 인간에 대한 사랑이나 사회적 정의에 대해서는 지극히 회의적이었다.

1930년 스트라스부르대학에서 『후설 현상학에서 직관 이론』으로 박사학위를 받았으며, 프랑스 시민권을 취득하였다. 사르트르는 레비나스의 후설 책을 읽으면서 페이지마다 자신과 같은 생각이 펼쳐져 있는 것을 보고 큰 감명을 받았다고 한다. 이 책 때문에 사르트르는 현상학을 진지하게 공부하기로 작정하였다. 1931년에 스트라스부르의 동료 가브리엘 파이퍼(Gabriele Pfeiffer)와 함께 후설의 『데카르트적 성찰』을 프랑스어로 번역하였다. 그리고 가브리엘 마르셀(Gabriel Marcel)이 조직한 철학 모임에 참여하면서 사르트르(Jean-Paul Sartre)와 자크 마리탱(Jacques Maritain)을 알게 되었다.

1934년 히틀러가 총통으로 취임(1934년 8월)하기 직전에 레비나스는 「히틀러주의 철학에 대한 몇 가지 고찰」을 발표하였는데, 이 글에서 그는 서양 존재론의 전체주의적 성격을 비판하였다. 그의 글은 나치즘에 대한 지지 또는 동조 혐의가 있는 하이데거가 프라이부르크대학의 총장 취임 연설 「독일대학의 자기주장」(1933년 5월)이 나온 직후라서 시사하는 바가 크다. 그는 히틀러와 하이데거의 연관성은 영원한 것으로서 결코 잊지 못할 사건이라고 규정하였다.

1935년에 레비나스는 비로소 자신의 생각을 「탈출에 대하여」라는 글로 담아냈다. 이 글은 나중에 발표된 그의 주저들 『전체성과 무한』(1961)의 「독일어판 서문」(1987)에서 말하듯이 그 자신만의 독창적 사상의 밑그림이었다. 1939년에 그는 프랑스군에 자원 입대하여 제2차 세계대전에 참전하였지만 곧 바로 포로가 되어 전쟁이 끝날 때까지 수용소 생활을 하면서, 『존재에서 존재자로』(1947)의 원고를 집필하였다. 그러나 1940년부터 45년까지 독일 점령군 치하의 리투아니아에 있었던 그의 모든 가족은 아우슈비츠로 끌려가 살해되고 말았다. 이 사실을 알게 된 레비나스는 다시는 독일에 가지 않기로 결심하였다.

레비나스의 존재 이해는 하이데거의 취지와는 크게 다르다. 하이데거의 경우에 존재는 모든 존재자를 존재하게 하는 근원적인 성격을 갖지만, 레비나스의 경우에는 다른 모든 것들을 동일자로 환원하려는 전체성(총체성)의 지평으로서 전체주의라는 부정적인 모습을 띠고 있다. 존재는 존재자에게 귀속되지 않은 익명적인 것으로서 있다. 그것은 바로 주체가 없는 상황이다. 의식을 가진 주체는 '존재한다'(Es gibt)라는 사실로부터 떨어져 나오는 것이다.

타자는 다른 어떤 것으로 결코 환원될 수 없는 고유성을 가지고 있는데, 서양의 존재론사에서는 하나의 동일성으로 파악하려는 지배적인 사유구조가 주류적이었다. 따라서 그러한 시도는 필연적으로 타자를 억압하거나 전쟁으로 몰아갈 수밖에 없었다. 레비나스가 히틀러주의의 원천을 서양 존재론의 전체주의적 성격에서 규명하고자 했던 것도 바로 그 때문이었다. 그는 국가사회주의의 원천이 근본악에서 유래한다고 보았으며, 그것은 존재의 존재론에서 비롯된다고 생각하였다. 그러므로 레비나스의 철학에서 중요한 것은 존재가 아니라 존재자이며, 그 각각의 존재자 혹은 주체는 '나'라는 동일자에 흡수되지 않는 '타자'로서 있다. 그리하여 나는 모든 것을 자기중심적으로 파악하는 것이 아니라 타자에 대하여 윤리적인 책임감을 가질 경우에만 비로소 자기 자신을 초월할 수 있는 것이다.

1947년 레비나스는 파리의 이스라엘-동양학 사범학교(Ecole Normale Israélite Orientale)의 교장이 되어 본격적으로 탈무드를 공부하고 가르치게 되었다. 그리고 장 발(Jean Wahl)이 세운 '철학학교'에서 2년 동안 강의한 원고를 모아서 만든 『시간과 타자』는 레비나스의 중요한 저서로서, 후설이나 하이데거와는 차별화된 방식으로 존재, 주체, 타자성의 문제를 다루었다. 특히 그는 여기에서 타자성(alterity)을 시간, 존재, 언어, 신과 연관시키면서 독자적인 생각을 펼쳐 나갔다. 여기에서도 존재는 은총이나 선물보다는 어두움과 공포로 이해되며, 그와 같은 존재의 익명성으로부터 떨어져 나와서 홀로 서는 것이 중요하다. 그러나 자기 초월을 감행하는 것은 타자를 인식하고 그것에 대한 책임감을 느끼게 되는 경우에만 가능하게 된다. 여기에서 초월이란 '벗어남'을 뜻하며, 그것은 존재를 떠나서 타자에 대하여 개방적인 태도를 취하는 것이다.

또한 그는 『프루스트에서의 타자』를 출판하였으며, 이 때 만난 탈무드 학자 슈카니(Chouchani)는 레비나스의 철학사상에 절대적인 영향을 끼치게 된다. 이듬해에 사르트르가 주관하였던 잡지에 레비나스의 예술철학에 대한 논문 「실재와 그 그림자」와 그에 대한 메를로 퐁티의 논평이 함께 소개되었다. 1949년에 레비나스는 『후설과 하이데거와 함께 존재를 찾아서』를 발표함으로써 그들의 철학을 프랑스에 처음으로 소개하였다. 이와 함께 타자와의 관계 속에서 무한을 향한 인간의 초월적 욕망에 대한 논의에 심취하게 되면서 현대철학의 전위 학자로 주목받게 된다.

레비나스는 1961년에 국가박사학위 논문인 『전체성과 무한』을 발표하였는데, 이 책은 레비나스의 중기 사상을 대표한다. 이 책에서 그는 새로운 도덕 이론을 제시한다. 서구의 전통 사회는 도덕과 윤리를 강조해 왔지만, 실제로는 모든 타자들을 동일성의 차원으로 통합하려는 전쟁을 일삼아 왔다. 따라서 그의 철학의 과제는 전체성의 순환과 반복의 고리를 끊는 것이었다. 레비나스의 시대에 파시즘의 출현을 가능하게 했던 국가철학의 모델은 헤겔에 의하여 제공되었다. 헤겔은 모든 것을 절대정신이라는 하나의 동일성 범주에 환원하려는 기획자이었기 때문이다.

레비나스가 전체성 범주를 극복하기 위하여 제안한 것은 바로 '무한'이다. 여기에서 무한이란 결코 자기 존재와 동일시 되지 않는 타자의 존재 방식이다. 그것은 우리가 파악할 수 있는 존재 지평의 외부에 있는 것이다. 따라서 있는 그대로의 타자 존재를 인정하는 태도가 필요하다. 헤겔에서 화해(Versöhnung) 개념은 동일성의 기반 위에 전체성의 철학을 세우는 것이지만, 레비나스에서 화해는 절대적인 이타성을 확실하게 인정하는 것이다. "타자는 처음에도 그리고 궁극적으로도 우리가 포착할 수 있거나 주제로 삼을 수 있는 것이 아니다." 따라서 진리란 절대적 외재성이 스스로를 표현하면서 모습을 드러내는 '초월' 속에 있다. 레비나스는 그것을 '계시'라고 규정하였다.

그러므로 무한의 이념은 '타자의 얼굴'을 통하여 출현하는데, 이것이 곧 계시이다. 타자의 얼굴은 정치적, 사회적, 경제적, 문화적, 민족적 차이와 특수성을 넘어서서 벌거벗은 채로 드러나는 얼굴이며, 우리는 그가 누구이든지 상관 없이 있는 그대로의 모습 그대로 환대해야 한다. 그 얼굴이 곧 다른 무엇으로도 환원될 수 없는 고유한 존재 사태로서 무한자이고 절대 타자이며, 신 그 자신인 것이다. 그리하여 타자의 얼굴에 관한 철학, 즉 윤리학이야말로 제1철학인 것이다.

레비나스는 1963년에 푸아티에(Poitiers)대학의 철학교수로 초빙되었다. 이 때 그의 사상의 유대교적 근원이 드러나는『어려운 자유』가 발표된다. 이 책에서 그는 나 자신의 자율적인 자유 행사보다 타자의 자유를 존중할 수 있는 책임이 더 우선적이라고 강조한다. 다른 사람에 대한 의무는 레비나스의 메시아론에서 정점에 달한다. 메시아는 고통을 경험하는 정의로운 자이다. 그는 다른 사람들의 고통을 떠맡는 존재이다. 그런데 레비나스는 우리들 인간 모두가 메시아라고 규정한다. 누구든지 자신이 메시아처럼 행동해야 한다는 것이다. 내가 메시아인 한에서 나는 다른 사람의 고통을 떠안아야 하는 것이다. 그러므로 레비나스가 말하는 타자란 어떤 절대적인 권위를 가진 존재가 아니다. 그것은 유약하고 쉽게 상처받을 수 있는 영혼들이다. 대지 위에 버려진 자들이다. 내가 메시아가 된다는 것은 쉽게 다칠 수 있는 타자들에 대하여 책임감을 갖는다는 것을 뜻하며, 그것이야말로 전체성의 영역에서 탈출하는 것이고, 그가 말하는 '초월'인 것이다.

이어서 레비나스는 1967년에 파리 낭테르(Nanterre)대학으로, 그리고 1973년에는 파리 제4대학(소르본)의 철학교수로 초빙되었다. 1974년에 폴 리쾨르가 레비나스의 가장 위대한 책이라고 평가하였던『존재와 다르게 또는 존재사건 저편에』가 출판된다. 이 책은 레비나스의 후기사상을 대표하는 저서이다. 나의 존재의 고유성에서 출발하는 전통 윤리학은 자율성을 중시하지만, 그것은 곧 자기 자신의 독립성을 확보한 이후에 타자를 지배하려는 시도로 나타난다. 타인은 나의 존재영위의 수단으로 활용되며, 그것은 필연적으로 종족주의에 기초한 파시즘으로 진행한다. 타인의 부정 또는 지배의 가장 강력한 수단은 살해 행위이다. 전쟁이나 홀로코스트가 빈번하게 발생한 것도 이와 같은 전통 윤리학적 사고에서 비롯된 것이다. 폭력과 전쟁의 발생론적 근거는 바로 모든 것을 동일성으로 환원하려는 서구의 존재 개념이다. 따라서 레비나스는 존재로부터의 벗어남, 탈출 혹은 초월을 말한다. 그것은 하나의 윤리적 사건이다.

나의 존재를 감싸고 있는 모든 것들, 즉 종족, 문화, 역사, 철학을 부정하는 것이 그 출발점이다. 타자는 나의 존재 영역과는 아무 상관도 없는 존재자들이다. 타자는 나에게는 '낯선 사람들'이고, '벌거벗은 채로 나타난 얼굴들'이다. 그들은 나의 전체성 범주 외부에 존재하고 있으며, 따라서 그들과 마주보고 대면하기 위해서는 나 자신의 전체성을 깨뜨리지 않으면 안 된다. 여기에서 얼굴은 나 자신의 것들과는 아무 상관없이, 그리고 나의 자유에 의존하지 않으면서 그 자체로 존재하는 방식으로 그 자신을 있는 그대로 드러내고 있는 타자의 존재 방식이다. 따라서 타자를 이해하려는 모든 시도는 실패로 끝날 수밖에 없다. 무조건 환대하지 않으면 타자의 얼굴과 대면할 수 없다. 그 얼굴은 우리에게 "너는 살인하지 말라." 라고 말을 건네 온다. 그와 같은 타자의 얼굴은 곧 명령이다. 레비나스는 이와 같은 타자는 정치적 권력 존재가 아니라, 아무런 힘도 없고 보호자도 없는 '나그네와 과부와 고아'와 같은 '이방인'들이라고 말한다.

따라서 레비나스의 윤리학은 타율성의 윤리학이다. 나의 존재가 마음대로 타자를 구속하는 것이 아니라, 타자가 명령하는 것을 내가 따르는 것이 중요하기 때문이다. 그는 기원(Arche) 이전부터 나의 자유나 주도권에 앞서서 타자에 대한 책임이 주어져 있었다고 본다. 타자는 나에게 혼을 불어 넣고 내 몸으로 육화됨으로써 타자의 고통을 걸머질 수 있도록 나 스스로 나의 존재를 넘어서게 한다. 이러한 변화, 즉 초월 과정을 통하여 나는 이제 타자를 위하여 십자가를 질 수 있는 메시아가 되는 것이다. 그것은 바로 존재 사태로부터 벗어나는 것, 즉 탈출과 초월이다.

1975년에 레비나스는 그의 친구 블랑쇼에 관한 글과 대담을 모은 책 『모리스 블랑쇼에 대하여』를 출판하였다. 1976년 정년퇴임 이후 파리에서 저술활동을 계속하였으며, 1984년에는 『초월과 지성』이 출간되었다. 1993년 그의 제자 롤랑(J. Rolland)은 소르본대학에서 레비나스의 마지막 두 강의, “죽음과 시간”, “신과 존재-신학”(1975~1976)을 『신, 죽음, 그리고 시간』이라는 책으로 펴내었다. 레비나스는 1995년 12월 25일 파리에서 사망하였다.

국내에 번역 소개된 레비나스의 저서로는 『시간과 타자』(문예출판사 1996), 『윤리와 무한』(다산글방 2000), 『모리스 블랑쇼에 대하여』(동문선 2003), 『존재에서 존재자로』(민음사 2003)가 있다.

국내에 소개된 외국학자들의 레비나스 관련 저술로는 미카엘 드 생쉐롱(『엠마누엘 레비나스와의 대담 1992-1994』, 동문선 2008), 콜린 데이비스(『엠마누엘 레비나스: 타자를 향한 욕망』, 다산글방 2001), 베른하르트 타우렉(『레비나스』, 인간사랑 2004), 마리 안느 레스쿠레(『레비나스 평전』, 살림 2006)이 있으며, 국내학자들의 저술로는 김연숙(『레비나스 타자윤리학』, 인간사랑 2001), 박재주(『서양의 도덕교육 사상: 소크라테스에서 레비나스까지』, 청계 2003), 강영안(『타인의 얼굴: 레비나스의 철학』, 문학과지성사 2005), 민대훈(『바르트와 레비나스가 본 형상금령 해석』, 비앤에이 2007) 등이 있다.

13. 존 롤즈

"원초적 상황에서 모든 개인은 동등하다."

존 롤즈(John Rawls 1921~2002)는 자유민주주의 국가철학을 대변하는 사상가이자 우리 시대의 정치철학, 법철학, 경제사상 등의 영역에서 가장 큰 영향력을 행사하고 있는 인물로 평가받고 있다. 그가 제시한 『정의론』의 철학은 정치, 경제, 법, 교육, 윤리학, 그리고 사회이론 전반에 영향을 주었다.

『정의론』이 나온 3년 뒤에 하버드대학교의 철학교수 노직(Robert Nozick)이 펴낸 『아나키, 국가, 유토피아』는 롤즈의 사상과 반대적인 관점을 가진 책이다. 노직이 최소국가론을 통하여 현대의 거대 자유주의 국가를 위협했다면 롤즈는 그것을 정당화하고 옹호하였다. 노직이 잊혀져가는 반면에 롤즈의 책은 베스트셀러가 되었다. 롤즈의 사상은 마이클 왈처, 찰스 테일러, 마이클 샌들 등에게 많은 영향을 끼쳤다.

민주주의 사회를 특징적으로 나타내는 개념으로서 우리는 '개인의 존엄성', '자유', '다수결', '합의', '공리성' 등을 생각할 수 있다. 그러나 우리는 곧 바로 다음과 같은 질문들에 부딪히게 된다. "사람들은 자기가 하고 싶은 대로 해도 되는가?" "개인의 자유는 구체적으로 어떤 경우에

제한될 수 있는가?" "다수결의 원리는 항상 존중되어야 하는가?" "정의란 무엇인가?" 존 롤즈의 『정의론』은 우리를 바로 이런 물음들로 인도하고 있다.

롤즈는 1921년 2월 21일, 미국 매릴랜드주 볼티모어시에서 윌리엄 리와 안나 아벨 사이의 5남 중 둘째 아들로 태어났다. 그의 할아버지는 그린빌의 은행가였으며, 그의 부모는 정치에 관심이 많았다. 롤즈의 아버지는 매릴랜드 주지사를 지냈던 앨버트 리치의 친구였으며, 상원의원에 출마할 것을 권유받기도 하였으나 건강이 좋지 않아서 실행에 옮기지는 못하였다. 그는 루즈벨트와 뉴딜정책을 후원하였다. 롤즈의 어머니는 여성유권자 지역 연맹 총재를 지냈으며, 다른 정치조직에서도 활동하였다. 롤즈는 어머니의 영향을 받아서 평생 동안 여성의 평등권에 대한 관심을 흩뜨리지 않았다.

롤즈의 집안은 본래 지병을 가지고 있었다. 그는 1928년에 디프테리아를 앓다가 다시 폐렴으로 전개되는 등 중병에 시달린 적이 있었는데, 1927년에 태어난 그의 막내 동생 토미는 결국 1929년에 죽고 말았다. 롤즈는 그보다 여섯 살 많은 형을 따라잡으려고 무척 노력하였다. 그의 형 스토우브(빌)는 키가 크고 힘이 세서 축구, 권투, 테니스 등에 능하였으며, 롤즈는 그의 자취를 따라서 엄격한 종교학교로 이름난 서부 코네티컷의 켄트 스쿨에 다녔다. 롤즈는 형이 다녔던 프린스턴대학교(1939~42)에 입학하여 화학, 수학, 예술사를 선택하였으나 결국 철학을 공부하기로 결심하였다.

롤즈의 철학 스승은 스테이스와 데이빗 바우어스와 노만 맬컴이었다. 롤즈는 『도덕의 개념』(1937)으로 유명한 스테이스에게서 밀의 공리주의와 칸트의 도덕철학을 배웠으며, 이 때 받은 교육은 그의 사상형성에 결정적인 영향을 주었다. 칸트와 밀은 보편적인 규범을 전제하고 있는 도덕철학자들이었다. 칸트는 도덕적 행위의 근거를 개인의 양심과 도덕법에 두었으며, 밀은 최대다수의 최대행복이라는 공리의 원칙에 두었다. 롤즈는 이 두 도덕사상가들로부터 자신의 이론을 정립하였다.

롤즈에게 가장 중요한 스승이었던 맬컴은 당시 케임브리지에서 비트겐슈타인에게 공부한 후 1939년에 하버드로 돌아와 루이스 교수에게 박사학위를 받았다. 1941년 가을에 롤즈는 맬컴에게 철학 리포트를 제출하였는데, 그에게 돌아온 것은 신랄한 비판뿐이었다. 이 일로 인하여 롤즈는 철학에 대하여 보다 심층적인 관심을 갖게 되었다.

1942년에 롤즈는 맬컴의 세미나에서 왜 대다수의 사람들이 악한가라는 거의 신학적인 질문을 제기하였는데, 감각자료 등 인식이론에 치중한 맬컴에게 이러한 물음은 중요하게 여겨지지 않았다. 그러나 롤즈는 플라톤, 아우구스티누스, 니부어 등에 대한 텍스트를 읽으면서 "하느님이 다스리는 세상에 어떻게 악이 출현할 수 있는가?"에 대한 물음, 즉 '신정론' 혹은 '변신론'의 문제에 몰두하면서 종교에 대한 관심을 넓혀 나갔다. 악의 문제를 회피하는 것은 결국 정의의 문제로 귀착된다는 사실을 주목해야 한다.

대학을 졸업한 후에 롤즈는 태평양사령부에서 군복무를 하였는데, 이때 그는 뉴기니아, 필리핀, 그리고 몇 개월 동안은 일본에서 점령군으로 활동하였다. 군복무를 마친 후 그는 다시 프린스턴으로 돌아와 박사학위를 취득하였다(1946~50). 학위 직전에 그는 장학금을 받아서 경제학과 정치사상을 공부하였다. 특히 메이슨(Alpheus T. Mason)이 편찬한 미국의 헌법과 정치사상에 관한 책 『형성 중에 있는 자유정부: 미국 정치사상 독본』은 롤즈에게 '정치적 정의' 개념에 대하여 생각할 수 있는 중요한 계기가 되었다.

그 후 롤즈는 코넬대학교에서 2년 동안 장학생으로 공부하고, 1949년에는 마가렛 워필드 폭스와 결혼하여 슬하에 네 명의 자식을 거두었다. 마가렛은 예술과 예술사를 공부하였으며, 평생 동안 롤즈의 원고를 교정하고 서체를 개선하는 일을 도와주었다. 롤즈는 프린스턴대학교 철학부 전임강사로 일하였으며(1950~52), 풀브라이트 장학금으로 옥스포드의 크라이스트처치(Christchurch)대학에서 2년간 연구하였다.

1953년에 코넬대학교의 철학 조교수로 초빙되었으며, 1955년에 「규칙의 두 개념」(Two Concepts of Rules)이라는 논문을 발표하였다. 이 글에서 롤즈는 '보편적인 실천을 정당화하는 것'과 그런 보편적 실천으로 포용할 수 없는 '특별한 행위를 정당화하는 것'에 대하여 고심하였다. 우리는 보편적인 규범을 지키려고 할 경우에 그것을 어기지 않으면 안 되는 특수한 상황에 빠지게 될 경우가 있다.

칸트가 "거짓말을 해서는 안 된다." 는 것을 도덕법으로 제시하였을 때, 선한 일의 경우에도 그것을 지켜야 하는가라는 의문을 갖게 된다. 예를 들면 유대인을 숨겨준 선한 주인은 "유대인을 숨겨주었는가?" 라는 게슈타포의 물음에 거짓을 말해서는 안 되는가? 여기에서 우리는 일반적인 규칙 이외에도 특별한 경우를 배려하는 또 다른 규칙을 상정할 필요를 느끼게 된다.

1956년에 롤즈는 코넬대학교의 부교수로 승진되고, 1958년에 「공정으로서의 정의」(Justice as Fairness)라는 두 번째 논문을 발표하였다. 이 글에서 롤즈는 '정의'를 사회제도나 규율체계에서 덕목을 실천하는 것으로 규정하면서, 정의의 두 가지 원칙을 천명하고 있다. 첫째로 동일한 규율체계 안에 존재하는 모든 개인은 동등한 권리를 갖는다는 것이다. 기본권이 바로 여기에 해당된다. 둘째로 모든 사람에게 이익을 주는 경우에만 불평등은 허용될 수 있으며, 이 경우에 불평등을 초래하는 직위와 직책은 모든 사람에게 공개되어야 한다는 것이다. 이러한 논의내용들은 그의 주저 『정의론』에서 핵심적인 부분들을 이루고 있다.

롤즈는 1959년부터 2년간 하버드대학교에서 강의를 하였으며, 1960년에는 MIT의 교수로 초빙되었다. 그리고 1962년에는 다시 하버드대학교의 철학교수로 초빙된다. 1969년부터 2년 동안 스탠포드대학교에 머물렀으며, 1971년에 그 유명한 『정의론』(A Theory of Justice)을 펴냈다. 이 책은 지구촌에 존재하는 모든 자유민주주의 사회의 바이블이 되었다. 그는 여기에서 정의의 두 원칙을 천명하고 있다.

'정의의 제1원칙'은 모든 사람들이 기본적 자유에 대한 평등한 권리를 가져야 한다는 것이다. 이것을 우리는 '평등의 원칙'이라고 한다. '정의의 제2원칙'은 최소 수혜자에게 최대 이익을 보장할 수 있고 공정한 기회균등의 조건 아래서 직책과 직위를 모든 사람에게 개방할 경우에만 사회적 경제적 불평등이 허용될 수 있다는 것이다. 이것을 우리는 '차등의 원칙' 또는 '불평등의 원칙'이라고 한다.

롤즈가 여기에서 강조하는 것은 모든 사람에게 동등한 자유와 권리가 주어져 있다고 생각하는 '원초적 상태'이다. 평등의 원칙은 원초적 상태에서 완전하게 보장된다. 그러나 그것은 곧 다른 사람에 의하여 침해될 수 있다. 사람들의 욕망과 능력이 저마다 다르기 때문이다. 이를 방치할 경우에 우리 사회는 곧 바로 무정부상태에 빠지고 말 것이다. 여기에서 롤즈는 불평등이 모든 구성원들에게 정당하게 받아들여질 수 있는 민주적 절차에 관하여 설명한다.

자유민주사회에서 대통령, 장관, 시장, 대기업 회장, 국회의원 등은 일반 구성원들이 생각할 수 없는 엄청난 혜택을 누리고 있다. 그들은 심지어 우리들의 자유를 통제하면서까지 모든 권력을 향유하고 있는 것처럼 보인다. 그렇다면 모든 사람들이 동등한 자유와 권리를 갖는다는 원초적 상태에서 이같은 불평등이 초래된 배경과 이유는 어디에 있는 것일까? 롤즈의 대답은 매우 간단하다. 그렇게 하는 것이 원초적 상태에서 가장 이익을 적게 보는 사람들에게조차도 최대이익을 기대할 수 있기 때문이다. 더구나 사회적 경제적 불평등을 초래하는 그 수많은 지위와 직책들은 공정한 경쟁의 원리에 의하여 엄격하게 통제되고 있다. 이를 통하여 롤즈는 자유민주주의의 국가철학을 정당화하였던 것이다.

1974년에 롤즈는 미시간대학교에서 연구년을 보냈으며, 1979년에 노벨상 수상자인 케네쓰 애로우의 후임으로 제임스 브라이언트 코넌트 대학교 교수로 초빙되었다. 그리고 1980년에 그는 존 듀이 강연에 초빙되었고, 강연 원고 「도덕이론에서 칸트의 구성주의」라는 글을 『철학 저널』에 게재하였다. 1986년에 그는 옥스포드에서 연구년을 보냈으며, 1991년에 정년으로 퇴임하였다.

롤즈는 1993년에 『정치적 자유주의』, 1999년에 『만민법』과 『논문집』, 그리고 2000년에 『도덕철학사 강의』를 출간하였다. 앞의 두 책은 『정의론』을 보다 구체적인 현실정치와 법적 체계에 적용한 것이며, 뒤의 두 책은 그 동안 발표한 여러 논문들과 도덕철학에 대한 강의들을 정리한 것이다.

우리나라에서 존 롤즈의 철학에 대한 연구는 1985년에 롤즈의 주저를 번역한 황경식 교수에 의하여 주도되고 있다. 이 책은 1990년까지 『사회정의론』이라는 제목으로 서광사에서 발행되었으나, 2003년부터는 출판사를 이학사로 옮겨서 『정의론』이라는 이름으로 개정하였다. 그밖에 『공정으로서의 정의』(서광사 1988), 『정치적 자유주의』(동명사 1999), 『만민법』(이끌리오 2000)이 번역 소개되었다. 국내학자들의 롤즈 연구서로는 황경식의 『사회정의의 철학적 기초』(문학과지성사 1996), 염수균의 『롤즈의 민주적 자유주의』(천지 2001), 정원섭의 『롤즈의 공적 이성과 입헌민주주의』(철학과현실사 2008) 정도에 그치고 있다.

14. 질 들뢰즈

"모든 존재는 차이의 반복이다."

질 들뢰즈(Gilles Deleuze 1925~1995)는 현대 프랑스 철학자 중에서 전통철학에 가장 밝으면서도 프랑스의 철학정신을 가장 잘 대변한 철학자였다. 그의 친구 미셸 푸코는, 들뢰즈는 "프랑스의 유일한 철학 정신"이며 "앞으로 언젠가는 들뢰즈의 세기가 올 것"이라고 말한 바 있다. 2세기 후에 니힐리즘의 시대가 도래할 것이라고 예고했던 니체 이후의 철학을 예비하는 과정에서 들뢰즈의 철학적 면모가 세상에 알려지게 된 것은 우연이 아닐 것이다.

들뢰즈는 푸코, 알튀세르, 데리다, 라캉, 리오타르 등 프랑스 철학을 세계철학으로 자리잡게 한 석학들과 함께 현대 철학의 주역으로 활동하였다. 그는 호흡기 질환으로 오랜 투병 생활을 하다가 자신의 아파트에서 몸을 던져 자살함으로써 지식인 사회에 큰 충격을 안겨주었다.

들뢰즈는 1925년, 파리에서 태어났으며, 파리 소르본 대학에서 페르디낭 알키에, 조루주 캉길렘, 장 이폴리트 등에게서 철학을 배웠다. 1947년에 데이비드 흄에 관한 연구로 졸업논문을 썼으며, 이 논문은 1953년에『경험론과 주체성 : 흄에 의거한 인간 본성에 관한 시론』이라는

제목으로 출판되었다. 그의 철학은 플라톤에서 헤겔에 이르는 진리, 이성, 주체의 개념 대신에 경험주의적 일원론의 입장에서 욕망이나 운동과 같은 현실적인 삶 그 자체에 주목하였다.

1947년에 철학교사 자격시험을 통과한 후에 여러 학교에서 철학을 가르치다가 1957년부터 소르본대학교 철학사 분야 조교로 활동하면서, 철학사에 대한 특별한 연구서들을 계속 내놓을 수 있는 역량을 축적하였다. 프랑스의 현대철학을 풍미했던 다른 철학자들보다 철학사에 밝은 것은 들뢰즈의 결정적인 강점이었다. 그는 철학사 연구를 통하여 흄, 니체, 칸트, 스피노자, 라이프니츠, 베르그송에 관한 저서들을 발간하였다.

1960년부터 4년 동안 국립과학연구소 연구원으로 재직하였으며, 1962년에 출판된 『니체와 철학』에 대하여 푸코는 적극적인 찬사를 보내면서 열광하였다.

들뢰즈에게 니체는 분명 새로운 시대의 철학을 정립하기 위한 출발점이었다. 니체는 헤겔을 대표하는 변증법적 사유를 격파한 사상가였고, 사변적인 이성 체계 대신에 원한과 가책과 슬픈 정념을 적극적으로 기술한 철학자였다. 들뢰즈는 니체가 이성적인 인간상(아폴론)과 정념적인 인간상(디오니소스)을 구분하고, 후자의 삶 속에 주도적으로 나타난 권력의지에서 다수 긍정의 원리와 증여 미덕의 원리를 관찰하였다. 그리고 니체의 영원회귀 사상을 차이가 사색되고 반복되고 재생산되는 것으로 해석하였다.

1963년에 출간된 『칸트의 비판철학』은 대체로 들뢰즈 자신의 철학보다는 칸트에 대한 고전적인 해석이라는 입장이 우세하지만, 칸트사상에서 능력들의 불일치(숭고의 판단력에서 이성과 판단력 사이의 싸움)를 통하여 일치에 도달하는 과정을 극명하게 보여주었다는 점에서 들뢰즈 자신의 목소리를 분명하게 담았다고 볼 수 있다. 1964년부터 1969년까지 리옹대학교의 철학부에서 강사로 재직하는 동안에 『프루스트와 기호들』(1962), 『베르그송주의』(1966)를 출간하였으며, 1967년에는 푸코와 함께 니체 전집의 불역본 총책임을 맡았다.

1968년에 국가 박사학위논문으로 주논문 『차이와 반복』과 부논문 『스피노자와 표현의 문제』를 제출하였다. 『차이와 반복』은 칸트의 『순수이성비판』이나 헤겔의 『정신현상학』, 그리고 하이데거의 『존재와 시간』이나 화이트헤드의 『과정과 실재』에 걸맞은 들뢰즈의 대표작이다. 그는 이 책에서 플라톤으로부터 칸트와 헤겔에 이르는 세계철학사의 웅장한 족적을 해체하려는 니체와 하이데거의 반형이상학적 작업을 지지하는 한편 그들에 의한 미완의 과제들을 새로운 형이상학의 구축을 통하여 완수하려고 하였다.

들뢰즈의 '초월적 경험론'은 분명 포스트모던 시대의 새로운 형이상학이다. 그는 전통철학자들이 강조한 존재, 인식, 개념 대신에 이념적인 지향 운동과 연결되어 있는 감성적 물질적 강도를 가진 것을 직접 다루고자 하였다. 이 점에서 그의 철학은 스피노자나 베르그송, 그리고 니체와 통하는 것이며, 그 서술 방식은 헤겔의 『논리학』이나 화이트헤드의 『과정과 실재』 만큼 체계적이다. 그가 부논문으로 제출한 스피노자 연구 역시 이러한 새로운 철학의 수립과 관계가 있다. 우리에게 범신론자로 알려진 스피노자는 자기 자신의 존재를 구성하고 유지하려는 기초적인 욕망(코나투스)과 정서를 중시하였다.

스피노자에게 정신은 '정신적 자동기계'와 같은 것이었다. 사물들이나 인간에게 나타나는 모든 것들은 신의 절대적 자기 생산성이 구체화된 것이다. 문제는 그 과정에서 드러나는 모든 존재는 절대적인 위치를 가질 수 없으며, 단지 '유목적'일 뿐이라는 것이다. 유목사회에서 땅에 대한 소유권을 주장할 수 없는 것처럼 어떤 존재도 그 자신의 특권적 지위를 주장할 수 없다. 모든 존재를 가능하게 하는 것은 차이이고, 니체의 영원회귀조차도 차이의 반복적 출현에 다름 아니다. 그와 같은 차이는 존재 밖에서의 주름 운동과 존재 안에서의 주름 운동, 그리고 그 존재를 받치고 있는 모든 바탕의 온 주름 운동에 의하여 결정되는 것이다.

1969년부터 들뢰즈의 사유방향은 달라지기 시작했다. 그 해 『의미의 논리』가 출간되었으며, 파리 8대학(벵센)의 철학과 교수직을 맡게 되었다. 『의미의 논리』에서 들뢰즈는 '사건의 존재론'을 기술하고 있다. 존재자 대신에 '사건'으로 파악하는 철학적 관점은 베르그송과 화이트헤드에 의하여 이미 개진되었다. 들뢰즈는 불교의 연기(緣起) 사상이나 기(氣) 철학에서처럼 역동적인 사건 그 자체를 파악하려고 하였으며, 결코 대상화되지 않은 그 사건의 표현을 '의미'와 동일시하였다. 사건과 의미가 하나의 동일한 현상이라는 것을 드러내기 위하여 들뢰즈는 '시뮬라르크'라는 말을 사용한다. 전통철학에서 사건은 객관의 영역이고 의미는 주관의 영역에 속하였지만, 들뢰즈에서는 그러한 구분법이 적용되지 않는다. 칸트의 '초월적 주관'의 영역 대신에 '객관적 초월'이 자리잡게 되는 것이다.

들뢰즈는 1969년에 정신과 전문의이자 정신분석학자인 펠릭스 가타리와 친교를 맺게 되었으며, 이는 그의 삶에 하나의 결정적인 사건이었다. 들뢰즈는 가타리와 네 권의 책을 공저로 낼 정도로 돈독한 관계를 유지하였다. 1970년 푸코는 『비평』지에 들뢰즈의 『차이와 반복』과 『의미의 논리』에 대한 서평을 실었는데, 여기에서 그는 지금은 하나의 전설이 되어버린 "아마 언젠가는 들뢰즈의 세기가 올 것이다." 라는 그 유명한 말을 하게 되었다. 1971년, 들뢰즈는 푸코를 도와서 프랑스 감옥의 열악한 환경을 알리고 죄수들에게 발언할 수 있는 기회를 주기 위한 활동에 참여하였다.

1972년에 들뢰즈는 가타리와 공저로 『안티 오이디푸스』라는 대작을 냈다. 이 책은 『자본주의와 정신분열증』의 첫째 권이다. '안티 오이디푸스'는 오이디푸스를 반대한다는 뜻이며, 프로이트의 정신분석학의 한계를 비판한다는 상징적인 어휘이기도 하다. 1977년에 나온 영어판 서문에서 푸코는 이 책을 프랑스에서 아주 오랜만에 나온 윤리적 저술로서 "정치를 슬픈 정서, 부정과 원한의 힘에서 벗어나게 하는 책"이면서 동시에 "비-파시스트적인 삶으로 인도하는 안내서"라고 평가하였다.

저자들은 이 책에서 우리 주변의 모든 존재들을 무차별적으로 욕망하는 프로이트의 본능, 즉 '이드'와 같은 것으로 파악한다. 인간조차도 '욕망하는 기계'에 지나지 않는다. 프로이트는 욕망 현상을 '오이디푸스 콤플렉스'로 지칭되는 가족주의의 틀 안에서 규정하였지만, 들뢰즈는 그것이 사회현상, 즉 정치경제적 상황과 긴밀한 관계를 가지고 있다고 보았다. 자본주의적 경제순환의 과정에서 욕망하는 기계들의 자연적 흐름이 차단되어 정신분열의 결과를 빚은 것이다. 저자들은 '오이디푸스', 즉 "모든 역사적 생산을 기만하고 있는 '피할 도리가 없는 환상'"을 폭로하고자 하였다.

들뢰즈와 가타리의 공저 퍼레이드는 1975년 『카프카 : 소수문학을 위하여』, 1980년 『천 개의 고원』, 1991년 『철학이란 무엇인가』로 이어진다. 『안티 오이디푸스』가 성공을 거둔 것과는 대조적으로 두 번째 책 『천 개의 고원』은 세인의 주목을 받지 못하였다. 대학가에서 혁명의 불길이 잠잠해졌기 때문이다. 그러나 저자들은 이 책에서 '다양한 것들'이 곧 현실이며, 그것이 어떻게 의식과 무의식, 자연과 역사, 영혼과 육체의 분리를 뛰어넘을 수 있는가를 보여주려고 하였다. 이 다양한 것들은 어떤 통일도 전제하지 않고, 어떤 총체성이나 절대 주체로 회귀하지도 않는다. 총체화나 총체성 역시 다양체 속에서 출현하는 과정일 뿐이다.

다양한 것들이 갖는 고유성과 독자성은 다양체들을 둘러싼 여러 가지 요소들에 의하여 결정된다. 『차이와 반복』에서의 개념적 규정이 여기에서도 그대로 재현되는 것이다.

그리고 유목적 주체의 철학 노마돌로지(Nomadology)가 체계화된다. 유목적 주체는 일정한 영토가 없으므로 어떤 사회적 지배질서에도 제약받지 않는다. 그러나 그것은 동시에 자신을 끊임없이 분열 확장시키면서 새로운 대상과 가치를 창조하는 주체이자 창조적 상상력을 가진 주체라는 측면에서 국가 기구의 구조화를 방해하는 하나의 전쟁기계이기도 하다. 들뢰즈의 유목론은 다양한 개별 주체들이 고정된 관점에서 해방되는 것을 지향한다. 그것은 어디에도 얽매임 없이 자신의 욕구를 창조적으로 실현하는 것이다. 이처럼 다양한 것들의 유목적 존재방식은 리좀(Rhizome)으로 비유된다. 리좀은 나무뿌리에 무질서하게 붙어있는 잔뿌리들로서 불규칙적이고 제각각이지만 그 각각의 줄기들은 하나의 독립된 생명체가 될 수 있는 가능적 존재들이다. '나무'가 전통철학의 체계적 사유틀이나 국가 개념에 해당된다면, 리좀은 이 세계 속에 무수한 다양한 것들의 하나로 존재하는 유목적 주체에 다름 아니다.

가타리가 죽기 1년 전에 출간했던 『철학이란 무엇인가』에서는 자신들이 평생 동안 해온 것이 무엇이었는가를 반성적으로 사유하였다.

1981년에 들뢰즈는 『프랜시스 베이컨 : 감각의 논리』를 저술하고, 1983년에 『영화I : 운동 이미지』, 1985년에 『영화II : 시간 이미지』를 출판하였다. 그의 영화철학은 차이와 반복, 사건과 시뮬라르크의 개념쌍을 바탕으로 기술되고 있는 유목학(노마돌로지)의 형이상학을 현실적으로 재현하고 있다.

1984년 중병을 앓고 있었던 푸코는 들뢰즈와 만나려고 희망하였으나 이루어지지 못하였다. 푸코와 들뢰즈는 1978년에 테러리즘의 역할 등에 대한 정치적 견해 차이로 인하여 결별하였으며, 들뢰즈가 『성의 역사』에 대한 논평 메모들을 보냈지만 푸코는 아무런 대답도 하지 않았다. 들뢰즈는 1984년 푸코의 추도식에서 그의 사망 직후 출간된 『성의 역사』 제2권 『쾌락의 활용』의 한 구절을 낭독하였다. 그리고 2년 후 "항상 수많은 위기와 동요를 넘어서는" 푸코의 사유를 총체적으로 정리하여 기념하기 위하여 『푸코』를 출간하였다.

1988년에 『주름: 라이프니츠와 바로크』, 『페리클레스와 베르디 : 프랑수아 샤틀레의 철학』을 출간하였다. 그리고 1995년에 그의 사상의 기본 방향을 압축적으로 풀어놓은 마지막 원고 「내재성 : 하나의 삶...」을 『철학』지에 기고하였으며, 93년부터 악화되던 병증을 이기지 못하여 1995년 11월 4일 스스로 자신의 삶을 마감하였다.

우리나라에서 들뢰즈 연구는 김상환, 이정우, 장시기, 박성수 등의 소장학자들에 의하여 매우 활발하게 이루어지고 있다. 국내에 번역 소개된 들뢰즈의 저술로는 『대담(1972-1990)』(솔 1993), 『앙띠 오이디푸스』(민음사 1994), 『푸코』(새길 1995), 『감각의 논리』(민음사 1995), 『철학이란 무엇인가』(현대미학사 1995), 『베르그송주의』(문학과지성사 1996), 『소수집단의 문학을 위하여: 카프카론』(문학과지성사 1997), 『의미의 논리』(한길사 1999), 『비평과 진단(문학, 삶 그리고 철학)』(인간사랑 2000), 『스피노자의 철학』(민음사 2001), 『카프카』(동문선 2001), 『천개의 고원』(새물결 2001), 『니체와 철학』(민음사 2001), 『시네마 1(운동-이미지)』(시각과언어 2002), 『스피노자와 표현의 문제』(인간사랑 2003), 『프루스트와 기호들』(민음사 2004), 『차이와 반복』(민음사 2004), 『주름: 라이프니츠와 바로크』(문학과지성사 2004), 『비물질노동과 다중』(갈무리 2005), 『디알로그』(동문선 2005), 『중첩』(동문선 2005), 『시네마 2(시간-이미지)』(시각과언어 2005), 『칸트의 비판철학』(민음사 2006), 『매저키즘』(인간사랑 2007), 『들뢰즈의 니체』(철학과현실사 2007), 『들뢰즈가 만든 철학사: 생성과 창조의 철학사』(이학사 2007), 『감각의 논리』(민음사 2008) 등이 있다.

국내에 번역 소개된 들뢰즈 관련 저술로는 알랭 바디우(『들뢰즈』, 이학사 2001), 플랙스먼(『뇌는 스크린이다』, 이소출판사 2003), 요시유키(『들뢰즈의 생명철학』, 동녘 2003), 콜브룩(『질 들뢰즈』, 태학사 2004), 라코트(『들뢰즈 철학과 영화』, 열화당 2004), 마이클 하트(『들뢰즈 사상의 진화』, 갈무리 2004), 로도윅(『질 들뢰즈의 시간기계』, 그린비 2005), 폴 패튼(『들뢰즈와 정치』, 태학사 2005), 니콜래스 쏘번(『들뢰즈 맑스주의』, 갈무리 2005), 라이크만(『들뢰즈 커넥션』, 현실문화연구 2005), 미레유 뷔뎅(『사하라: 들뢰즈의 미학』, 산해 2006), 로널드 보그(『들뢰즈와 시네마』, 동문선 2006; 『들뢰즈와 문학』, 동문선 2006; 『들뢰즈와 음악 회화 그리고 일반 예술』, 동문선 2006), 지젝(『신체 없는 기관: 들뢰즈와 결과들』, b 2006), 피스터르스, 파트리샤(『시각문화의 매트릭스』, 철학과현실사 2007), 콜브룩(『이미지와 생명』, 그린비 2008), 토드 메이(『질 들뢰즈』, 경성대학교출판부 2008) 등이 있다.

국내 학자의 들뢰즈 관련 저술로는 박성수(『들뢰즈와 영화』, 문화과학사 1998; 『들뢰즈』, 이룸 2004), 이택광(『들뢰즈의 극장에서 그것을 보다』, 갈무리 2002), 서동욱(『들뢰즈의 철학』, 민음사 2002), 고미숙(『들뢰즈와 문학기계』, 소명 2002), 정정호(『들뢰즈 철학과 영미문학 읽기』, 동인 2003), 전경갑(『욕망의 통제와 탈주』, 한길사 2004), 윤성우(『들뢰즈』, 철학과현실사 2004), 정형철(『들뢰즈와 가타리』, 세종출판사 2004), 장시기(『노자와 들뢰즈의 노마돌로지』, 당대 2005; 『들뢰즈와 탈근대 문화연구』, 당대 2008), 장석주(『들뢰즈 카프카 김훈』, 작가정신 2006), 이정우(『들뢰즈 사상의 분화』, 그린비 2007), 오길영(『이론과 이론기계』, 생각의나무 2008), 사공일(『들뢰즈와 창조성의 정치학』, 동문선 2008), 신지영(『들뢰즈로 말할 수 있는 7가지 문제들』, 그린비 2008) 등이 있다.

15. 미셸 푸코

"모든 지식은 권력에 지배된다."

미셸 푸코(Michel Foucault 1926~1984)는 '포스트모더니즘'으로 불리는 현대 프랑스 철학의 선구자이며, 레비스트로스, 롤랑 바르트, 자크 라캉과 더불어 구조주의의 4인방으로 평가되고 있다. 그는 전통철학에서 배제됐던 광기, 병원, 감옥, 섹슈얼리티, 지식고고학 등의 문제들을 다루었으며, 그 자신 마약을 즐기는 자유분방한 동성애자로서 지내다가 에이즈에 노출되어 죽었다. 그의 삶과 사상은 현대철학에 지대한 영향을 주었다.

푸코는 프랑스 푸아티에에서 부유한 외과의사 폴 푸코의 아들로 태어났으며, 누나와 남동생이 있었다. 어린 푸코는 가톨릭 성당의 소년 성가대로 활동하였는데, 여자 치마처럼 생긴 성가복을 좋아했다고 한다. 그에게서 여성적 특성을 가진 동성애자의 면모가 발견되는 대목이다.

1932년에 푸코는 푸와티에 리세 초등학교에 들어갔으며, 그 후 성 스타니스라스 예수회학교로 전학하여 프랑스어, 역사, 그리스어, 영어를 배웠다. 1942년 처음으로 철학을 배우게 된다.

1945년에 푸코는 파리에 있는 앙리4세 리세 고등학교에 입학하였으며, 프랑스의 명문교인 파리 고등사범학교에 입학하기 위하여 열심히

공부했다. 이 때 푸코는 헤겔의 『정신현상학』을 프랑스어로 번역하고 해설서까지 저술하였던 장 이폴리트에게서 헤겔의 정신철학을 배운다. 그러나 푸코의 반응은 헤겔의 의도와는 전혀 다른 방향, 즉 헤겔의 정신철학에 대한 반작용인 포스트모더니즘으로 나타났다. 이 학교에는 장 이폴리트 외에도 과학사 교수 조르주 캉길렘(1904~1965), 신화학자 조르주 뒤메질(1898~1986)과 같은 훌륭한 스승들이 있었다.

그는 주로 하이데거와 사르트르가 주도했던 실존주의 철학이나 후설과 퐁티의 현상학에 관심을 기울였으며, 이들로부터 영향받은 푸코는 인간 주체가 자기 자신을 지식의 대상으로 삼게 된 배경과 과정에 대해 관심을 갖기 시작하였고, 1948년에 소르본느대학 철학학사 학위를 취득했다. 그러나 이 시기에 푸코는 심각할 정도의 우울증에 시달렸다. 푸코는 면도칼로 자신의 가슴을 그었으며, 칼로 동료 학생을 위협하기도 하였다. 심지어 약물복용으로 자살을 시도하는 한편, 동성애에 대한 집착도 구체화되었다.

1949년 푸코는 심리학 학사과정을 수료하였으며, 그 이듬해에 루이 알튀세(1918~1990)의 영향으로 프랑스 공산당에 가입하였다(1953년 탈당). 1951년에 철학교사 자격을 취득하였으며, 심리학 공부를 계속해 그 이듬해에 파리대학에서 정신병리학 석사(디플롬)학위를 취득한다. 그는 파리의 생트 안 정신병원을 방문해 토대 연구에 착수하였으며, 정신의학자 자클린 베르도를 도와서 루트비히 빈스방거(1881~1966)의 『꿈과 실존』을 번역하고 그에 대한 입문서를 쓰기도 하였다. 푸코는 1953년 8월에 친구 모리스 팽게와 이탈리아 해변 여행을 하면서 처음으로 니체를 접하였다. 그리고 이듬해에 자신의 첫 저서인 『정신질환과 개성』을 출판하였다. 이러한 연구를 통해 푸코는 현상학, 실존철학, 마르크스주의를 심리학 해석방법론으로 통합하려고 시도하였다.

1955년에 신화학자 뒤메질의 추천으로 푸코는 스웨덴 웁살라대학의 프랑스어 강사로 초빙되어 1958년까지 4년 동안 활동하였다. 프랑스 문화원의 책임자를 겸하면서 구조주의적 언어이론에 몰두하면서 롤랑 바르트를 초청하기도 하였다. 그러나 푸코는 술을 너무 좋아해서 음주운전 사고를 내기도 하고 남자들을 찾아다녔다고 한다. 그런데 웁살라대학에는 의학분야에 관한 '발레리아나 장서'가 있었다. 그리고 푸코는 이 책들에 빠져들었다. 그가 관심을 가졌던 문제들은 전통철학의 주제들과는 아무런 관련도 없는 것들이었다.

1958년 푸코는 바르샤바대학의 프랑스문화원장으로 부임한다. 그러나 한 청년과의 성 관계가 알려지면서 폴란드 주재 프랑스 대사로부터 바르샤바를 떠나라는 권고를 받았다. 이후 교육부에서 파견된 한 여성 장학관은 젊은 남자의 팔에 안겨있는 푸코를 목격하게 된다. 푸코는 나중에 프랑스 대학생 폭동(1968년 3월)을 막을 수 있는 개혁안을 교육부에 제출하였지만 이 사건 때문에 받아들여지지 않았다고 술회하였다.

1959년부터 2년 동안 함부르크 프랑스 문화원장으로 일하는 동안에도 푸코는 스트립쇼 클럽, 진흙탕 여성 레슬링, 홍등가 등을 전전했다. 고속도로, 원자폭탄, 알제리 전선으로부터의 탈영, 매춘과 동성애 금지 등 혼란과 규제가 교차하는 시점이었다. 이 때 푸코는 반전운동가인 다니엘 드페르와 교제하면서 『광기의 역사』 집필에 필요한 연구를 완료하였다.

1960년에 푸코는 클레르몽 페랑대학 문학부에서 심리학 강사로 일하였으나, 이곳에서 만난 공산주의 철학자 로저 가로디(1913~)와 심각한 불화에 빠지게 되었다. 1961년에 푸코의 프랑스 국가박사 학위 청구논문인 『고전주의 시대에서의 광기의 역사』가 출판된다. 영어판 『광기와 문명』은 이 논문의 축약본이다. 이 책에서 푸코는 정신의학의 관점에서가 아니라 과학적 이성의 관점에서 광기의 문제를 다루었다. 각 시대마다 광기가 경험되고 전파되는 방식들을 현상학적으로 보여주면서 광기 그 자체를 이해하고자 한 것이다.

고대의 광기는 현자들의 특징이었으나 중세에 들어오면서 광기는 적그리스도, 타락, 종말 등 죽음과 관련되어 신성한 것으로 여겨졌다. 르네상스 시대에는 광기가 '인식의 진리'로서 우둔하면서도 고상한 인간상에 대한 도덕적 풍자의 형태로 다루어졌으며, 그때까지만 해도 광기는 사회와 공존하였다. 그러나 고전주의 시대부터 광기는 빈민이나 범죄자처럼 감금의 대상이 되었다. 그러다가 18세기 후반부터 정신의학의 대상개념으로 정착되면서 광기는 무의식의 억압이라는 측면에서 새롭게 해석되었다. 푸코의 저서 『광기의 역사』는 R.D. 레잉(1927~1989), 데이비드 쿠퍼(1931~1986)의 반정신의학과 반문화이론, 질 들뢰즈(1925~1995) 및 펠릭스 가타리(1930~1992)의 『안티 오이디푸스: 자본주의와 정신분열증』(1972)에 결정적인 영향을 주었다.

1962년에 푸코는 클레몽 페랑대학의 철학과 교수가 된다. 이듬해에 푸코는 횔덜린, 바타이유, 블랑쇼 등 문학철학에 몰두하였으며, 이 때 데리다는 푸코의 데카르트 해석에 이의를 제기함으로써 두 사람의 관계가 악화되었다. 또한 그는 1790년에서 1820년 사이에 발표된 모든 임상의학서를 참고하여 『병원의 탄생: 의학적 인식의 고고학』(1963)을 발표하였다. 그는 이 책에서 임상의학적 지식의 규칙들에 대한 탐구를 통하여 지식이 어떻게 생성, 변화, 발전하는가를 보여주면서 공간과 언어와 죽음의 문제, 즉 의학적 시선의 문제를 다루고자 하였다. 시대를 거쳐서 진화하는 의학적 지식의 담론 구조를 밝히고자 한 것이다. 의학이 시대를 통하여 진화해 온 언어라는 것이 밝혀진 것이다.

푸코는 1964년 7월 니체 심포지엄에서 니체, 프로이트, 마르크스를 중심으로 역사 해석의 문제를 발표하였다. 니체는 헤겔이 강조한 하나의 전체적 진리를 여지없이 부정하고 있었다. 극단적인 헤겔과 니체의 사상을 창조적으로 극복하는 것이야말로 푸코에게 주어진 철학적 과제였을 것이다. 그는 집필한 새 원고와 그 이듬해 브라질에서 행한 강의 내용을 묶은 『말과 사물: 인간 과학의 고고학』을 출판하였다. 이 책의 부제가 말해주듯이 푸코는 서구사회에서 인간이 지식의 대상이 된 과정을 다루었다. 그는 르네상스, 고전주의, 현대라는 세 시기의 역사적 선천성을 규명함으로써 문화의 근원적인 코드를 발굴하고자 했다. 각 시대에 무의식적으로 조직된 사유의 퇴적물을 발굴하는 것이 바로 '고고학'의 과제이다. 고고학적 자료의 발굴을 통해 푸코는 사유가 스스로를 조직화할 수 있는 논의 구조, 즉 에피스테메를 확보하고자 하였다. 푸코의 에피스테메는 토마스 쿤이 말한 과학자 공동체가 승인하는 패러다임과 유사한 것이다.

르네상스의 에페스테메는 말과 사물의 유사성(resemblance)이다. 유사성은 합치, 공감, 모방적 대립, 유비를 통하여 드러난다. 그러나 그것은 우리에게는 은폐되어 있는 신의 봉인과도 같은 것이어서, 르네상스인들은 관찰이나 증명보다는 주로 추측과 해석에 의존하였다. 그러나 고전주의의 에피스테메는 표상(representation)이다. 표상이란 자기 자신을 유지하는 불연속적인 동일성에 대한 분류를 말한다. 유사성이 붕괴된 자리에 동일성과 차이를 확정할 수 있는 새로운 공간이 요구된 것이다. 그러다가 19세기 이후 현대에 들어오면서 에피스테메는 인간 그 자신이 되었다. 유사성에 이어서 동일성과 차이(표상)보다 더 근원적인 역사적 주체가 바로 인간인 것이다. 푸코는 18세기 말 이전에는 '인간'이 존재하지 않았다고 보았다. 신체, 사회, 규범과 가치 등에 대한 지식이 성립될 수 있는 조건 자체가 인간이기 때문이다. 푸코는 18세기 말 이전에는 '인간'이 존재하지 않았다고 보았다. 칸트의 이성비판이나 하이데거의 현존재 분석의 연장선에 있음을 알 수 있는 대목이다.

1965년에 푸코는 군사정권이 들어선 브라질로 가서 민주화운동에 가담하였고, 이듬해에는 모로코의 튀니스대학으로 갔으며, 그곳에서 니체, 데카르트, 마네를 강의하였다. 마리화나를 피우면서 잘생긴 청년들과 어울렸다.

1967년 6월에 푸코는 낭트대학 교수로 초빙되었다. 그러나 문교부 장관이 인준을 지연시켰다. 파리에서 건축가들을 대상으로 공간에 대한 강의를 하였다. 19세기의 강박관념이었던 운동과 시간을 넘어서서 공간 개념을 단초로 열린 세계를 지향하려는 시도였다. 공간은 모든 권력 행사에 근본적으로 요구되는 것이다. 그리고 다시 튀니지아로 돌아갔다. 1968년 후반에 푸코는 삭발한 채 파리로 돌아왔다. 실험대학인 뱅센대학의 철학과를 맡았으나, 대규모 학생 폭동사태를 맞게 되면서 경찰에 체포되기도 하였다.

1969년에 푸코는 『지식의 고고학』을 저술한다. 이 책은 지식과 역사, 담론에 대한 방법론적 탐구서이자 자기 비판서이다. 푸코는 지식은 의견과 과학 사이에 존재하며, 텍스트와 실험도구뿐만 아니라 모든 실천과 제도에서 구현되는 것으로 보았다. 그에게 역사는 탈인격화된 복합적인 관계와 규칙들인 담론적 형성체로 이루어진 것으로 이해되었다. 그러한 역사의 지배원리는 에피스테메일 것이지만, 여기에서 그는 '담론'이라는 말로 대체한다. 담론은 단순한 언어적 체계와 텍스트를 넘어서는 실천이다. 전통적인 사상사는 담론을 자료로 취급하지만 지식고고학은 그것을 기념비적 사건으로 다룬다. 푸코는 전체 앞에서 개체가 희생되는 헤겔의 역사철학보다는 한 사람의 영웅에게서 세계사의 정점을 찾으려는 니체적 관점에 충실하였다. 따라서 푸코는 자신의 철학이 구조주의의 경직성을 넘어서 있다고 평가되었다.

푸코는 장 이폴리트의 후임으로 콜레주 드 프랑스의 “사상체계들의 역사” 담당교수로 선출되었다. 1970년 도쿄대학에서 푸코는 1963년에 있었던 데리다의 비판에 대응하여 데리다는 담론적 실천을 텍스트적 흔적들로 환원하였다고 반박하였다. 그리고 4월에 푸코는 콜레주 드 프랑스의 교수로 취임한다. 그는 취임강연에서 모든 사회에서의 담론은 권력의 절차에 따라서 통제, 선별, 조직되고 재분배된다고 주장하였다. 권력을 향한 의지로서 지식의 정체와 구조를 선명하게 밝혀주는 것이 바로 계보학이다. 그는 이 시기에 수감자들의 권익보호를 위한 실천운동에 뛰어들었으며, 이때의 경험은 그의 저서『감시와 처벌』에 반영되었다. 푸코는 1971년 이폴리트에게 헌정한『니체, 계보학, 역사』에서 계보학은 단순히 동일성의 해체가 아니라 서로를 지배하는 다수의 중첩된 체계들이라는 사실을 강조하였다.

푸코는 1971년에 설립된 ‘혁명적 행동을 추구하는 동성애자 전선’(FHAR)에 참여하였으며, 그해 11월 베르사이유 경찰서에서 사망한 알제리 노동자 문제로 항의 시위를 하던 중 프랑수아 모리악과 함께 체포되기도 하였다. 1973년에 푸코는 자신의 어머니와 누나의 목을 벤 범죄자 피에르 리비에르에 관한 연구계획을 세웠다. 리비에르는 자신의 범죄를 글로 작성한 후에 유죄 평결을 받았으며 1840년 감옥에서 자살했다.

1975년 푸코는『규율과 처벌: 감옥의 탄생』을 출판하였다. 그는 이 책에서 신체에 행사되는 형벌이나 신체 자체의 저항과 관련해 정치적, 사법적, 과학적 영역들에서 영혼과 육체에 관한 계보학을 보여주고자 하였다. 특히 형벌의 집행 형태가 시대에 따라 공개처형에서 재판과 선고를 거쳐서 영혼에 대한 제어의 형태로 변화하였으며, 감옥체계가 규율사회의 일부로서 창안된 것은 신체를 권력 기제로 운용하기 위한 것이라는 사실을 보여준다. 그는 미국 버클리대학에서 섹슈얼리티에 관한 강의를 하기도 했다.

1976년에 푸코는 『성의 역사』 첫째 권을 출판하였다. 이 책은 본래 여섯 권으로 계획했으나 세 권 밖에 내지 못하였다. 여기에서 푸코는 성의 억압기제 역시 권력과 밀접한 관계를 가진다는 사실을 강조하였다. 푸코는 프로이트의 억압가설이 틀렸다고 비판하였다. 역사적으로 볼 때 성담론은 고해성사, 인구관리 등의 정치경제적 기제들에 의해 억압돼 온 것처럼 보이지만 실제로는 해방과 확산의 길을 걸어왔다는 것이다. 금지의 대상으로서 성은 도덕의 문제가 아닌 권력의 문제였을 뿐이다.

1978년에 푸코는 이탈리아 신문에 호메이니의 이란혁명을 지지하는 글을 투고하였으며, 일본에서 목가적인 권력에 관한 강의를 하고 기독교의 신비주의와 불교의 선에 대한 연구도 수행하였다. 푸코는 1979년 스탠퍼드대학에서는 진리와 주체성에 대하여, 1983년에 다시 버클리에서 칸트의 '계몽이란 무엇인가?'에 관한 강의를 통하여 자신의 포스트모던적 주장을 강화하였다.

푸코는 지식뿐만 아니라 성담론조차도 권력에 의해 통제된다는 사실을 분명하게 보여주었다. 광기, 감옥, 병원 등의 용어들은 비정상인들을 지칭하고 있다. 이로써 푸코의 철학에서는 정상인보다는 비정상인, 체계적인 사상사보다는 단편적인 고고학이나 계보학을 더 중시되고 있음이 분명해진다. 그러나 그의 반대자들도 분명하게 드러났다. 하버마스는 푸코가 모든 진리의 기준을 약화, 오염시켰다고 비판하였으며, 인류학자 클리퍼드 기어츠 역시 푸코를 '역사적인 역사가', '반인간주의적 인간과학자', '반구조주의적 구조주의자'라고 비난하였다.

1984년 『성의 역사』 제2권 『쾌락의 활용』이 출간되었다. 동성애에 대한 플라톤적 판단이 푸코에게는 큰 위안이 되었던 것 같다. 플라톤은 성에 대한 쾌락을 그 자체로 나쁜 것이라고 보지 않고 단지 과도한 경우에만 해로울 수 있다고 판단하였기 때문이다.『성의 역사』제3권『자기에 대한 배려』는 고대 그리스와 로마시대에 성의 실천행위에 관한 자아의 해석학이 어떻게 형성되었는가를 면밀하게 검토하였다. 성은 처음부터 금지의 대상은 아니었다. 성에 대한 억압은 도덕보다는 권력의 문제였다는 사실이 구체화되고 있다.

1984년 6월 25일, 푸코는 57세의 나이로 죽었다. 의사는 항생제가 폐혈증을 치료하는데 실패했다고 발표하였으나 푸코는 오래 전부터 에이즈에 노출되어 있었다. 질 들뢰즈가 장례식에서『쾌락의 사용』서문을 읽었다. 그의 친구 드페르는 자립적인 에이즈 단체 AIDES를 설립하였다. 푸코는 마네에 관한 원고와 기독교 초기의 욕망을 다룬『성의 역사』제4권『육체의 고백』의 사후출판을 거부하였다.

국내에 번역 소개된 푸코의 주요 저작으로는『정신병과 심리학』,『광기의 역사』,『임상의학의 탄생』,『담론의 질서』,『말과 사물』,『지식의 고고학』,『감시와 처벌』,『성의 역사』등이며, 최근에는『비정상인들』,『주체의 해석학』등 그의 강의록까지 번역 출판되었다.

푸코의 개론서는 호록스, 메르키오르, 양운덕의 책을 참고하고, 보다 더 심층적인 접근이 필요한 이들은 이광래, 디디에 에리봉, 앨런 메길, 질 들뢰즈의 푸코 해설서를 책을 읽으면 좋을 것이다.

그밖에도『푸코의 맑스』,『미셸 푸코 진실의 용기』,『미셸 푸꼬의 과학적 이성의 고고학』,『미셸 푸코, 죽음의 빛』,『푸코읽기』,『푸코와 페미니즘』등이 번역되었다. 국내학자들의 푸코연구서는『시칠리아의 암소』(김현),『푸코와 하버마스를 넘어서』(윤평중),『푸코의 정치윤리』(박승규),『푸코에게 역사의 문법을 배우다』(이영남) 등이 있다.

16. 위르겐 하버마스

"진리란 이상적인 대화를 통한 합의이다."

위르겐 하버마스(Jürgen Habermas 1929~)는 현존하는 독일 사상가 중에서 최고의 영향력을 행사하고 있는 인물이다. 그는 호르크하이머와 아도르노가 주도하였던 프랑크푸르트학파를 계승하여 비판이론을 독자적으로 발전시켰으며, 칸트, 셸링, 헤겔, 마르크스, 하이데거로 이어지는 전통철학의 흐름과 베버, 미드, 파슨스로 이어지는 전통 사회학의 흐름을 영미 언어철학과 통합하여 상호주관적 차원에서의 의사소통이론을 새롭게 수립하였다.

신실용주의를 주장하였던 미국 철학자 로티(1931~2007)는 하버마스야말로 독일과 미국의 지성인들, 그리고 두 나라의 좌파인사들 사이에서 가교 역할을 했다고 평가하였다. 하버마스는 형이상학의 전통과 상대주의 및 포스트모더니즘 철학의 중간적 위치에 서 있다고 볼 수 있다.

하버마스는 1929년 6월 18일, 독일 뒤셀도르프 굼머스바흐에서 세 남매의 둘째 아들로 태어났다. 그의 아버지 에른스트 하버마스 박사는 그 지역 상공회의소 소장이었다. 하버마스는 1949년부터 1954년까지 괴팅겐, 취리히, 본 대학교에서 철학, 역사학, 심리학, 독일문학, 경제학 등을 공부하였다.

1950/51년 겨울학기 강의를 듣기 위하여 하버마스가 취리히에서 독일 본으로 왔을 때 학과장실을 차지하고 있었던 한 동료 학생과 만나게 되는데, 그는 바로 칼-오토 아펠(Karl-Otto Apel)이었다. 그는 평생 동안 하버마스의 사상 형성에 방향타 역할을 했으며, 하버마스를 가장 잘 이해하는 철학자이기도 했다.

하이데거의 실존적 존재론에 심취하였던 아펠은 로타커 교수의 세미나를 좌지우지하고 있었고, 처음 만난 하버마스에게 하이데거의 신간 『형이상학 입문』을 선물하였다. 그들의 우정은 평생 동안 지속되었으며, 두 사람은 포스트모더니즘의 물결 속에서 전통적 사유, 즉 모더니즘의 정당성을 붙들기 위하여 끝까지 노력하였다.

1954년에 하버마스는 로타커와 베커 교수의 지도하에 "절대자와 역사"라는 논문으로 본 대학교에서 박사학위를 취득하였다. 학위논문에서 그는 셸링의 사유가 분열되는 현상을 다루면서 절대자, 곧 신조차도 역사 속에서 위축된다는 사실에 주목하였다. 헤겔, 마르크스, 키에르케고르를 통하여 입증된 것이다. 하버마스가 나중에 루카치의 『역사와 계급의식』으로부터 영향을 받을 수밖에 없었던 사실 역시 역사성 앞에서는 심지어 절대자까지도 변형된다는 것을 이미 체득하고 있었기 때문이다. 이것만으로도 하버마스는 충분히 위험한 사상가였다.

1956년에 하버마스는 호르크하이머와 아도르노가 이끌었던 프랑크푸르트사회연구소의 조교로 발탁되었으며, 이 시기에 동료들과 함께 프랑크푸르트 대학생들의 정치의식을 사회학적으로 조사한 결과를 『학생과 정치』라는 책으로 펴냈다.

1959년에 그는 독일연구재단(DFG)으로부터 학술지원금을 받아 교수자격논문에 착수하였다. 1961년에 하버마스는 아벤트로트 교수를 통하여 마르부르크대학교에 『공론영역의 구조변동』이라는 논문을 제출하였으며, 1962년에 출간된 이 책은 학생운동의 시금석이 되었다. 하버마스는 마르부르크대학교의 사강사로 취임하였으나, 교수자격 취득 절차가 끝나기도 전에 하이델베르크대학교의 조교수로 초빙되었다(1961~64).

1963년에 『이론과 실천』이 출간되었다. 이 책은 『인식과 관심』(1968)과 함께 하버마스의 초기저작들 가운데서 가장 중요한 저작으로 평가되고 있으며, 우리나라의 5,60대 층에도 매우 친숙한 책이다. 『이론과 실천』은 헤겔과 셸링에 관한 논문들과 마르크스주의에 대한 비판적 논의를 포함하고 있는데, 하버마스는 여기에서 프롤레타리아트의 해방이론은 하나의 환상에 지나지 않는다고 선언하였다. 보편적인 의미에서의 해방을 한 계급만의 이해관계로 환원하는 것은 유물론 철학을 신화로 변질시키는 것에 지나지 않는다고 보았던 것이다.

같은 해에 하버마스는 이른바 "독일사회학의 실증주의 논쟁"에서 아도르노 편에 가담하게 된다. 본래 이 논쟁은 1961년에 아도르노와 포퍼 사이에 일어났으나, 그들의 제자인 하버마스와 알베르트 사이의 논쟁으로 비약하였다. 하버마스는 자연과학적 방법론 또는 과학주의만으로 사회현상이나 역사적 사실들을 다룰 수 없다고 주장하였으며, 그 논쟁결과는 1969년에 책으로 출판되었다.

1964년에 하버마스는 호르크하이머의 후임으로 프랑크푸르트대학교의 철학 및 사회학 교수로 초빙된다(1964~71). 하버마스는 1967년에서 68년까지 학생운동권과 논쟁을 벌였다. 당시 대부분의 지성인들이 마르크스주의에 빠져있었던 상황에서 하버마스의 학생운동비판은 충격적이었으며, 그 때문에 오랫동안 지탄의 대상이 되었다.

1968년에 출판된 『인식과 관심』에서 하버마스는 칸트, 헤겔, 마르크스를 거쳐서 실증주의, 실용주의, 역사주의에 이르는 다양한 형태의 인식 유형을 비판적으로 고찰하면서 딜타이와 가다머의 해석학에 무게를 실어주었다. 그는 인식을 주도하는 '관심'의 기능을 강조하였으며, 자신의 책에 대한 아펠의 영향력을 숨기지 않고 있다.

1971년에 하버마스는 체계이론을 정립한 니클라스 루만과 논쟁을 벌였으며, 이 논쟁에서 하버마스는 자신의 비판적 사회이론에 루만의 체계이론을 부분적으로 수용하였으나, 루만은 자신의 입장을 전혀 수정하지 않았다. 피상적으로는 루만이 우위에 선 것 같지만 하버마스는 이 논쟁을 통하여 의사소통능력이론이라는 독자적인 영역을 개발하였다.

하버마스는 1971년부터 1981년까지 바이체커와 함께 막스 프랑크 연구소 소장으로 일하였다. 1975년부터 82년까지 그는 프랑크푸르트대학교 철학 명예교수로 지냈으며, 1980년에 다시 막스 프랑크 연구소장직을 맡았다.

1981년에 그의 주저 『의사소통행위이론』이 출간되었으며, 1984년에 한 권이 더 출간되었다. 10년 전부터 기획된 이 책들에서 그는 의사소통적 능력을 가진 다수 주체들의 논의에 바탕을 둔 진리합의설을 옹호하였다. 여기에서 중요한 것은 진지한 의사소통을 통하여 다양한 의견 대립과 차이를 극복해 나가는 것이다. 이를 위하여 '공론의 영역', '공론장'의 개방이 요구된다.

공론장은 이상적인 대화상황이 가능하게 주어지는 지평이며 조건이다. 시민들이 권력과 이데올로기로부터 자유를 확보하기 위해서 필수적으로 전제되어야 하는 것이 바로 이 공론의 영역이다. 이를 통해서 의사소통이 비로소 가능할 수 있기 때문이다.

하버마스가 의사소통능력이론에서 중시하는 논의 규칙들은 이해성, 진리성, 정확성, 진실성이다. 이해성은 다른 사람이 말을 알아들을 수 있도록 어법적으로 바르게 표현하는 것이다. 진리성이란 허위나 조작이 아닌 참된 사실만으로 진술하는 것을 뜻한다. 정확성은 관찰이나 규범에 입각하여 사실을 온전하게 구성하고 해석하는 것이다. 진실성은 대화자가 일상적인 삶에서 신뢰할만한 인물인가를 살피는 것이다. 사람들은 이처럼 정상적인 대화상황에서 논의를 할 경우에만 정상적인 합의와 진리에 도달할 수 있다. 하버마스와 아펠이 제시한 담론윤리학을 통한 진리합의설은 현대 사회이론의 인식론적 근간이 되었다.

1983년에 하버마스는 프랑크푸르트대학교의 철학교수로 다시 취임하였으며, 자신의 철학적 사유를 스스로 간명하게 정리한 『도덕의식과 의사소통행위』를 출간하였다. 이 책에서 하버마스는 피아제의 인지발달론과 콜버그의 도덕발달론이라는 평행적인 두 사상을 바탕으로 자신의 논의윤리학적 단초를 마련한다. 물론 이와 같은 시도는 칸트, 헤겔, 마르크스를 거쳐 하이데거와 가다머에 이르는 인식론이나 해석학의 문제선상에서 비롯된 것이며, 결정적으로는 아펠과의 대화에서 촉발된 것이다. 따라서 하버마스가 이 책을 아펠에게 헌정한 것은 그리 놀랄만한 일이 아니다.

1985년에 현대의 주요사상가들을 비판적으로 다룬 저서 『근대성의 철학적 담론』을 펴냈다. 신보수주의자들이 분화된 사회현상을 안개로 비유하는 것에 반대하는 내용을 담은 '새로운 불투명성'이라는 시사평론집 역시 이 시기에 출판된다. 또한 그는 형이상학적 사유를 복원하려는 디터 헨리히에 반대하여 이른바 형이상학 논쟁을 벌이기도 하였다. 이 논쟁은 나중에 『탈형이상학적 사유』라는 책으로 출판되었다.

1986년에 하버마스는 나치제국을 옹호하고 아우슈비츠 사건을 은폐하려는 일단의 역사학자들과 더불어 '역사가 논쟁'을 벌였으며, 그 성과는 이듬해에 『일종의 손해청산』이라는 책으로 출간되었다.

하버마스는 1996년 서울에 초청되어 다산강좌 및 서남강좌에서 강연한 바 있다. 국내의 하버마스 연구는 사회철학을 비롯한 거의 모든 학문

분야에서 폭넓게 이루어지고 있다. 국내에 소개된 그의 주요 저서들로는 『사회과학의 논리』, 『후기자본주의 정당성 연구』, 『이론과 실천』, 『현대성의 철학적 담론』, 『새로운 불투명성』, 『인식과 관심』, 『현대성의 새로운 지평』, 『담론윤리의 해명』, 『도덕의식과 소통적 행위』, 『이질성의 포용: 정치이론연구』, 『탈형이상학적 사유』, 『인간이라는 자연의 미래』, 『공론장의 구조변동: 부르주아 사회의 한 범주에 관한 연구』, 『의사소통행위이론』, 『사실성과 타당성: 담론적 법이론과 민주적 법치국가 이론』 등이 있다.

하버마스 개론서로는 발터 레제-쉐퍼의 『하버마스』(1998)가 가장 좋으며, 톰 록크모어의 『하버마스 다시읽기』(1995)는 보다 상세한 정보를 제공하고 있다. 레이몬드 게스의 『비판이론의 이념』(2006)은 하버마스와 프랑크푸르트학파의 관계를 다루고 있으며, 릭 로데릭(1992)과 스미스(1991)의 책은 하버마스의 사회철학을 다루고 있다. 로버트 영(2003)의 책은 하버마스사상의 교육학적 적용에 관한 내용이다. 존 시톤(2007)은 하버마스와 현대사회의 문제를 다루고 있다.

국내학자들의 연구서로는 이진우 외, 『하버마스의 비판적 사회이론』(1996), 김재현 외, 『하버마스의 사상: 주요 주제와 쟁점들』(1996), 한상진 외, 『하버마스 이성적 사회의 기획 그 논리와 윤리』(1997) 등이 있으며, 그 밖의 단독저서로는 윤평중의 『푸코와 하버마스를 넘어서』(1997), 선우현의 『사회비판과 정치적 실천』(1999), 홍기수의 『하버마스와 현대철학』(1999) 정도가 참고할 만하다. 하버마스에 대한 국내 연구자들이 수에 있어서는 압도적임에도 불구하고 추천할만한 수작이 나오지 않은 것은 한국학자들이 하버마스를 진지하게 연구하지 않았다는 반증이기도 하다.

17. 자크 데리다

"모든 텍스트는 해체될 수 있다."

자크 데리다(Jacques Derrida 1930~2004)는 프랑스 출신의 철학자로서 포스트모더니즘 또는 해체주의의 대변자였다. 2004년 자크 시라크 프랑스 대통령은 일흔 네 살의 철학자 데리다의 죽음을 발표하면서 "우리 시대 지성계의 가장 중요한 인물 중 한 분"이라고 규정하였다. 40권 이상의 저서들을 통하여 그는 '해체'(deconstruction)라는 말을 사상사에서 가장 중요한 개념으로 부각시켰다. 그의 사상은 철학 이외에도 문학, 심리학, 교육학, 법학, 정치학, 심리학, 인종학, 신학 등 대부분의 학문 영역에서 엄청난 반향을 불러일으켰다.

데리다는 1930년 스페인-포르투갈계 유대인 부모 사이에서 알제리 엘비아르에서 출생하였다. 1940년에 발발한 알제리 독립전쟁과 1942년 독일군의 알제리 점령과 더불어 반유대주의가 확산되면서 그는 다니던 학교에서 추방되어 유대인만을 위한 학교에 수용되었다. 해방 후 1948년 고티에 고등학교에서 대학 입학 자격시험을 통과하였다.

1950년, 철학을 공부하기 위하여 파리로 옮겼으며, 이 때 행동가이자 참여 지식인이었던 사르트르에게서 강한 영향을 받았다. 고등사범학교에 입학하여 장 이폴리트 문하에서 철학을 공부하는 동안 헤겔, 후설,

하이데거, 바타이유, 블랑쇼 등을 집중적으로 읽었다. 1957년에 교수자격시험을 통과한 후 하버드대학교에 1년간 연수할 수 있는 기회를 얻었으며, 이를 계기로 미국에서 활동할 수 있는 발판을 마련하였다.

데리다는 1957년부터 59년까지 전쟁 중인 알제리에서 군복무 대신에 학교 교사로 종사하였다. 1962년에 후설의 『기하학의 원리』를 번역하였는데, 100쪽에 이르는 역자서문으로 장 카바예스상을 수상하였다. 1964년에 고등사범학교 철학과 강사로 취임하였으며(1984년까지), 존스 홉킨스, 예일, 캘리포니아, 코넬, 뉴욕시립대학교 등에서 방문교수로 활약하였다.

1966년에 존스 홉킨스대학교 학술회의에서 발표한 논문(「인간과학의 담론 속에서 본 구조: 기호 그리고 놀이」)이 좋은 반응을 얻으면서 문학비평가들에게 해체론이 영향을 미치게 되었다. 1967년에 『목소리와 현상』, 『그라마톨로지에 관하여』, 『글쓰기와 차이』라는 세 권의 주저를 동시에 출판하였다. 이 저술들에서 데리다가 주목하는 것은 바로 차이의 문제이다. 차이를 강조한다는 것은 전통철학이 중시하는 존재자의 동일성, 즉 본질을 부정하고 훼손하는 것을 뜻한다. 엄밀하게 말하면 모든 존재자는 자기 자신인 동시에 자기 자신이 아니다. 모든 것은 자기 스스로의 모습을 갖추자마자 다시 그것을 부정하고 다른 어떤 것으로 이행하게 된다. 데리다는 그것을 '차연'(差緣)이라고 표현하였다.

차연은 있는 것도 아니고 없는 것도 아니며, 같은 것도 아니고 다른 것도 아니다. 모든 존재는 고유한 본질을 갖고서 동일한 상태를 유지하는 것이 아니라 끊임없이 다른 모습으로 이행하고 있다. 따라서 차연은 형이상학적 텍스트 내부에서 본질이 자신과의 차이를 극복하지 못한 채로 연기(緣起)하는 사태를 뜻한다. 데리다는 이와 같은 차연의 사실에서 바로 해체가 개입될 수 있다고 본다.

데리다는 1972년에 『입장들』, 『산종』(散種), 『철학의 여백』을 발표하였는데, 그의 해체철학은 이러한 저술들에서 보다 구체화된다. 그의 해체 전략은 원초적인 이상들이나 절대화된 가치체계들을 부당한 것 또는 폭력을 유발할 수 있는 것으로 파악하여 위계를 부정하고 전복하는데 있다. 따라서 해체는 원본적 가치위계를 전복하는 작업이다.

데리다는 『산종』에서 플라톤이 강조한 내부의 순수성, 혹은 이데아의 개념이 자체 모순적이고 자체 부정적인 하나의 허구라고 지적한다. 플라톤이 생각한 것처럼 순수한 것이란 처음부터 존립할 수 없다는 것이다. 플라톤은 『파이드로스』편에서 문자 또는 글을 '약'(parmacon)으로 비유하였는데, 파르마콘은 본래 '치료제'라는 뜻과 '질병'이라는 뜻을 동시에 가지고 있는 말이다. 약과 질병은 서로 모순되고 대립되는 것으로서 존재한다.

이와 마찬가지로 글 역시 말하는 사람의 의도를 시간에 구애받지 않고 반복할 수 있으므로 일종의 치료제라고 할 수 있다. 그러나 동시에 글은 말하는 사람의 의도에서 벗어날 가능성이 있기 때문에 질병이기도 하다. 문자 이전의 시대에는 모든 지식이 말의 형태로 전승되었다. 우리는 기억을 영구화하기 위하여 문자를 발명하였지만 그로 인하여 기억의 능력을 상실하게 되었다.

데리다는 서구의 형이상학이 본질을 현상보다 우위에 둠으로써 자기동일적이고 자기 현전적인 순수한 기원을 추구해왔다고 지적하면서, 그 순수성의 철학을 전복하고자 하였다. 그는 인간의 모든 지식이 기원적인 이념의 복사 혹은 근사치에 불과하다고 주장하는 것으로 만족하지 않는다. 그는 순수하고 원형적인 판본, 심지어 플라톤의 이데아조차도 불순한 것에 감염되었다고 단언한다. 그것들 역시 언제나 인간 세상과 관련되어 있기 때문이다. 이를 통하여 데리다는 이성, 동일성, 본질, 현전에 대비되는 비이성, 차이, 현상, 부재 등의 개념들을 해방시키려고 하였다.

데리다는 결정적으로 "텍스트 바깥에는 아무것도 없다." 라고 말한다. 텍스트는 한정된 것이 아니다. 텍스트는 그 자신 속에서 차이의 존재를 무한하게 발산하면서 미분화되는 해체 운동이다. 따라서 하나의 텍스트는 그것으로 끝나는 것이 아니라 그로부터 무한하게 다른 수많은 텍스트들을 산출한다. 그리하여 데리다는 "텍스트 스스로 텍스트를 배반한다." 라고 말한다. 순수하게 원형적인 텍스트조차도 이미 바이러스에 오염되어 있으며, 따라서 그것은 언제라도 다른 어떤 것으로 이행할 수 있다. 이 점에서 모든 것은 차연적으로 존재한다.

1975년에 데리다는 프랑스 고등학교(리세) 5년제 과정에서 철학을 제외하려는 프랑스 정부 계획에 반대할 목적으로 결성된 '철학교육연구회'(GREPH)에 깊게 관여하였다. 그리고 푸코의 『성의 역사』 제1권이 발간된 1976년에 데리다의 『그라마톨로지』 영역본이 출간되었다. 1977년에 데리다는 오스틴의 언어수행이론과 관련하여 존 설과 논쟁하면서 자신에 대한 영미철학자들의 적개심을 해소할 수 있게 되었다. 계속해서 그는 문화적, 언어적 원본성에 대한 믿음은 잔인한 정치적 결정이나 테러리즘으로 진행될 수 있다고 경고한다.

1981년에 그는 비공식 세미나에 참석하기 위하여 체코 프라하를 방문하던 중 마약 소지 및 밀수 혐의 조작으로 구속되었다가 미테랑 대통령의 적극적인 노력으로 풀려났다. 1982년에 프랑스의 연구 및 기술 장관은 데리다에게 비정규 교육기관인 국제철학대학의 설립을 제안하면서 행정 책임을 맡겼다. 그러나 1987년에 또다시 수난이 찾아왔다. 당시 하이데거의 나치 참여에 대한 논의가 유럽사회를 뒤흔드는 가운데 출간된 빅토르 파리아스의 『하이데거와 나치즘』으로 인하여 하이데거로부터 결정적인 영향을 받았던 데리다의 해체론은 파시스트 이데올로기와 연루되었다는 의심을 받게 되었다.

1992년 3월에 케임브리지대학교는 데리다에게 명예학위를 수여하려고 했다. 그러나 4명의 교수가 학위수여에 반대하였고, 곧 이어서 19명의 학자들이 타임지에 학위수여의 부당성을 알리는 글을 보냈다. 결국 대학 당국은 이 문제를 투표에 부쳤으며, 336대 204로 데리다에게 명예학위를 수여하는 것으로 결론이 났다. 이 사건으로 데리다의 학문적 위치는 보다 확고해졌으며, 그는 학문의 경계를 허물면서 미술, 건축, 법학, 정치학, 여성 문제, 국가 정체성 등의 현안 문제에 자신의 입장을 활발하게 개진하였다.

1992년에 발표한 『다른 진로』에서 데리다는 여성주의를 비롯한 인종, 민족, 문화정치의 영역에서 정체성을 빙자하여 나르시시즘에 빠지게 되는 경향성이 있다고 경고한다. 인종적 기원이나 순수성에 가치를 두는 사람들이 잘못된 형태의 광기에 사로잡힐 수 있다는 것이다. 데리다의 사상은 '여성주의적 목소리'를 가지고 있다고 평가받고 있음에도 불구하고 데리다 자신은 페미니즘의 일방주의적 가능성을 경고하기도 했다. 그는 '여성다움'이 무엇인가에 대하여 해체적 접근을 시도하면서 여성주의의 본질에 대한 접근이 불가능하다는 사실을 실제적으로 보여주었다. 그러나 남성주의에 대한 데리다의 해체 전략은 여성주의자들에게 확실한 도움이 될 것이다. 그는 『우정의 철학』(1994)이나 『우정의 정치학』(1997)에서 남성과 여성의 등가적인 우정을 강조하였다.

1998년에 데리다는 『환대에 대하여』라는 책에서 진정하고 순수한 의미에서의 '환대'는 타자의 존재와 요구를 무조건적으로 수용할 수 있어야 한다고 강조한다. 환대의 개념은 레비나스의 타자 철학에서 주도적인 개념이었다. 그와 같이 순수하고 무조건적인 환대란 불가능한 이상에 지나지 않을지도 모른다. 그럼에도 불구하고 데리다는 국경을 넘어 온 난민들을 선별하지 않고 무조건적으로 수용해야 한다고 강조하면서 순수한 환대의 개념을 옹호하고자 하였다. 그는 이러한 개념구조를 사면과 용서에도 적용한다. 그리고 이를 바탕으로 테러리즘의 문제에 접근하고자 하였다.

2003년에 데리다는 하버마스와 함께 테러리즘에 대한 철학적 해명을 시도하였다. 데리다의 주장은 명백하다. 타자성과 차이에 대한 책임감이 요구된다는 것이다. 서로 다른 문화와 종교를 가진 사람들에 대한 존중과 배려는 관용의 차원을 넘어서는 환대의 지평에서만 가능하다는 것이다. 데리다는 관용이 기독교적인 배경을 가진 개념이라는 사실을 강조하면서 그와 같은 온정주의는 타자에 대한 지배와 동화를 전제하고 있다고 비판한다. 그는 국제관계에서 환대의 문제를 처음으로 제기한 사람은 바로 칸트라고 보았다.

데리다의 영향력은 갈수록 압도적이었다. 그에 관한 두 편의 영화가 만들어졌다. 1999년에 사파 파티가 제작한 "데리다의 다른 곳"과 2002년에 커비 딕과 코프만이 만든 "데리다"가 바로 그것들이다. 2001년에 그는 프랑크푸르트시의 아도르노상을 수상하였으며, 췌장암으로 고생하다가 2004년 10월 8일 74세의 나이로 사망하였다.

국내에 번역 소개된 데리다의 주요 저술들로는 『입장들』, 『해체』, 『그라마톨로지에 대하여』, 『다른 곶』, 『광기의 역사 30년후』, 『에쁘롱』, 『공간의 논리』, 『시네퐁주』, 『글쓰기와 차이』, 『텔레비전에 관하여』, 『불량배들』, 『환대에 대하여』, 『법의 힘』, 『시선의 권리』, 『정신에 대해서』, 『목소리와 현상』, 『마르크스의 유령들』, 『기하학의 기원』이 있다.

데리다의 개론서로는 키멜레(서광사 1996), 노리스(시공사 1999), 콜린스(김영사 2003), 도이처(웅진 2007)의 책이 번역되었으며, 보다 전문적인 저술로는 레웰린의 『데리다의 해체주의』, 실버만의 『데리다와 해체주의: 철학과 사상』, 로일의 『자크 데리다의 유령들』, 페인과 샤드가 펴낸 『이론 이후 삶: 데리다와 현대이론』 등을 참고할 수 있다.

국내의 데리다 연구서 중에서 김형효의 『데리다의 해체철학』과 『데리다와 노장의 독법』, 이승종의 『데리다와 비트겐슈타인』은 탁월한 수작이다. 그밖에 이성원의 『데리다 읽기』, 김보현의 『데리다의 정신분석학 해체』, 한상철의 『데리다의 해체주의에 대한 비판적 이해』, 이만식의 『엘리엇과 자크 데리다』, 신경원의 『니체, 데리다, 이리가레의 여성』 등이 있다.

18. 슬라보예 지젝

"모든 것은 보이는 것과는 다르다."

슬라보예 지젝(Slavoj Žižek 1949~)은 슬로베니아(구 유고연방) 류블랴나 대학교의 철학교수로서 라캉과 들뢰즈를 잇는 세계철학계의 거장으로 주목받고 있는 인물이다. 한 해에 두세 권의 대작을 집필하면서 실천적 현장에서도 신출귀몰하는 활동적인 사상가이다. "세계는 지금 지젝의 유령으로 가득 차 있다." 라고 말할 정도로 그의 영향력은 대단하다. 그는 라캉의 정신분석학으로 칸트에서 헤겔에 이르는 독일관념론의 전통을 새롭게 독해하는 동시에 마르크스와 레닌의 유물론을 넘어서 현대 영미철학까지 아우르는 블랙홀과 같은 사유실험을 진행하고 있다. 그러나 이안 파커는 지젝을 '슬로베니아 라캉주의 헤겔주의자'로 분류하였다. 라캉주의와 독일관념론을 종합했다는 것이다.

지젝의 철학적 주장을 체계적으로 정리하는 것은 쉬운 일이 아니다. 그가 살아온 불안정한 정치사회적 배경에서 나온 도발적 농담과 무질서한 비판들이 진의를 파악할 수 없을 정도로 혼란스럽기 때문이다. 그러나 어느 누구도 그가 세계철학계의 최전방에서 일어나는 문제들을 거론하기 위하여 파르티잔처럼 고뇌하고 있다는 사실만큼은 부정하지 못할 것이다.

지젝은 1949년, 구 유고슬로비아 연방공화국에 속한 슬로베니아의 수도 류블랴나에서 태어났다. 지젝의 철학은 슬로베니아의 역사적 운명에서 비롯된다. 당시 유고연방은 서방 자본주의 국가들과 공산주의 소련 사이에 있는 완충지대 국가였다. 1991년 유고연방에서 분리될 당시 슬로베니아의 인구는 170만 명이었으며, 인구의 82%가 가톨릭이었다. 차이와 부정을 강조하는 지젝의 철학적 분위기는 그의 모국의 역사적 운명에서 비롯된다.

1937년에 유고공산당 서기장이 된 요시프 티토는 1948년에 스탈린과 결별하고 유고를 6개 공화국과 2개 자치주로 통합하였으며, 1963년에 유고연방을 스탈린주의적 관료지배와 유사자본주의적 자주관리를 혼합한 독재체제로 전환시켰다. 티토가 사망하고(1980) 밀로셰비치가 정권을 잡은(1987) 후 유고연방은 민족 단위국가로 해체되기 시작하였고, 1991년부터 참혹한 유고내전에 휩싸이게 된다.

가톨릭 중심의 슬로베니아와 크로아티아가 독립을 요구하자 유고연방군은 1991년 슬로베니아를 침공하였으며, 이후 수차례의 내전을 통하여 마케도니아, 보스니아-헤르체고비나, 신유고 연방(세르비아), 몬테네그로가 잇달아 분리되었다. 그 과정에서 슬로베니아, 크로아티아, 보스니아, 코소보에서 대규모 학살이 자행되었으며, 다민족과 다종교로 이루어진 구 유고연방이 결국 와해됨으로써 발칸반도는 다시 세계의 화약고가 되고 말았다.

이처럼 혼란한 시기에 지젝은 류블랴나대학교의 사회학-철학부를 졸업(1971)하고 같은 대학에서 철학석사(1975) 및 철학박사 과정을 마쳤다(1981). 이 때 티토의 관료제에 대한 저항으로 펑크족이 출현(1977)하였으며, 이어서 '새로운 슬로베니아 예술'(NSK) 그룹이 형성되었다. 자본주의와 공산주의와 파시즘적 독재주의가 혼재한 국가상황에서 새로운 대안문화를 모색하는 반항 정신을 직접 목도한 것이다. 그 후 지젝은 프랑스로 건너가 1985년에 파리 8대학에서 정신분석학 박사 학위를 취득한다. 여기에서 그는 프로이트적 주체로의 회귀를 주장하였던 라캉적 사유에 깊이 빠지게 된다. 지젝의 라캉 이해를 도운 사람은 헤겔주의자 코제브의 영향을 받았던 자크-알랭 밀레였다.

1989년에 후기마르크스주의의 대표적 주자들인 라클라우와 무페가 편집한 기획물의 하나로 지젝의 『이데올로기의 숭고한 대상』이 출판되었다. 지젝은 이 책에서 라캉의 정신분석적 키워드를 사용하여 대중문화를 새롭게 읽어내려고 하였다. 그 때문에 서문을 쓴 라클라우는 지젝을 '슬로베니아 라캉학파'로 규정하였다. 그는 지젝이 좌파정치의 위기를 해결하는데 도움이 될 것이라고 희망했다. 그러나 지젝의 이데올로기 비판은 마르크스의 잉여가치를 넘어서서 프로이트-라캉의 잉여쾌락으로 질주하였으며, 이데올로기와 환상을 통합하는 방향으로 나아갔다.

1990년 지젝은 슬로베니아 대통령선거에서 자유당 후보로 출마하였으나 시민사회와 거리를 좁히지 못하여 정권 창출에는 실패하였다. 55%의 지지율로 정권을 장악한 기독민주당은 슬로베니아를 서구친화적 자본주의 국가체제로 표방하였다. 이듬해에 지젝은 슬로베니아 과학대사로 임명되었으며, 『그들은 자기가 하는 일을 알지 못하나이다』라는 책을 발표하였다. '정치적 요인으로서의 향유'라는 부제가 붙은 이 책은 『이데올로기의 숭고한 대상』의 속편이라고 할 수 있는데, 이 책에서 그는 헤겔에서 시작하여 티토-스탈린주의를 거쳐서 대중 민족주의로 이행하는 과정을 분석하였다.

이 시기의 지젝은 모순적으로 비칠 정도로 혼란을 겪고 있다. 1970년대에 스탈린주의적 관료제를 전술적으로 수용하였던 그는 1990년대에 들어와 슬로베니아의 자본주의 복귀를 지지하고 나섰으며, 도덕적 다수

파와 보수주의자들이 주축을 이룬 시민사회 세력을 거부하면서도 1999년 나토군의 세르비아 폭격과 관련하여 유엔을 비난하였다. 사람들은 반대와 극단을 자유자재로 넘나드는 지젝으로 인하여 혼란에 빠졌다. 그러나 그 자신은 모든 것은 우리가 겉으로 보고 단정하는 것과는 다른 모습을 취하고 있으며, 심지어는 보이는 것의 반대일 수도 있다고 강조하였다.

여기에서 우리는 이안 파커가 지젝을 '슬로베니아 라캉주의 헤겔주의자'로 규정한 취지를 생각해 볼 필요가 있다. 그는 최소한 세 가지 이상의 방향성을 화해시키려고 하였다. 먼저 슬로베니아는 서구 자본주의와 소련 공산주의의 완충지대였던 유고연방의 자기부정을 통하여 나온 파편으로서 자기정체성을 새롭게 모색해야 하는 국가 존재이다. 그리고 헤겔은 칸트와의 지속적인 전투에서 부단한 부정을 통하여 자신의 입장을 세워나가는 방향성을 지시한다. 마지막으로 라캉은 프로이트의 억압과 차별화되는 잉여를 강조하면서, 영미의 임상의학적 정신분석학과 후기구조주의적 해체주의의 흐름을 넘어서서 프로이트적 주체로의 복귀를 선언한다. 해체된 주체는 차이와 부정을 통한 주체로 다시 태어난다. 슬로베니아, 헤겔(칸트), 라캉이 그의 철학적 사유세계의 주도적 개념으로 작동되고 있었던 것이다.

지젝은 1992년에 류블랴나대학교의 사회과학부 교수가 되었으며, 류블랴나 이론정신분석학회를 설립하고 회장이 되었다. 1993년에 출간된 『부정적인 것과 함께 머물기』에서 지젝은 헤겔을 통한 라캉 읽기를 시도하였다. 지젝의 헤겔은 프로이센 제국이 지향하는 세계정신의 찬양자가 아니라 항구적인 거부를 통하여 이론적 체계들을 개방하는 혁명적 정신이다. 그것은 모든 것을 삐딱하게 바라보는 부정의 정신이다. 지젝의 헤겔 이해는 1930년대 러시아에서 프랑스로 이민하였던 코제브에 바탕을 두고 있다. 메를로 퐁티, 조르주 바타이유, 자크 라캉 등 당대 프랑스의 대표적인 지성인들 모두가 코제브의 헤겔 강의에 심취하였으며, 지젝은 라캉의 사위였던 자크-알랭 밀레를 통하여 영향을 받았다. 코제브는 자신을 '가장 엄격하게 복종하는 스탈린주의자'로 칭하였는데, 실제로 수년 후에 그가 소련의 간첩으로 활동한 사실이 드러났다. 코제브의 영향으로 프랑스에서 헤겔은 주로 좌파적으로 해석되었다. 지젝 역시 변증법적 종합을 거부하는 방식으로 헤겔을 독해하였다.

1999년의 『까다로운 주체』는 하이데거의 칸트 독해, 바디우의 바울 독해, 버틀러의 프로이트 독해를 통하여 데카르트적 주체의 유령을 극복하려는 현대 서구철학의 지속적인 노력을 소개한다. 그러나 지젝은 데카르트적 주체는 여전히 강력하게 살아있으며, 보다 효과적인 대체 방식을 찾기 위하여 고심한다. 이 점에서 지젝은 들뢰즈나 데리다와 같은 해체론자들에 대한 강경한 적수임이 분명하다.

2000년에 출간된 지젝의 책 『전체주의가 어쨌다구?』는 스탈린을 칭송하는 듯한 발언으로 우리를 혼란스럽게 한다. 일반적으로 전체주의하면 파시즘과 나치즘, 그리고 스탈린주의를 연상시킨다. 그러나 지젝은 전체주의의 반대어는 민주주의가 아니고 개인주의나 자유주의라는 사실을 강조한다. 대체로 전체주의는 민주주의와 병존하고 있으며, 자유주의와 개인주의가 반민주적인 경우가 더 많다. 이런 사실에서 지젝은 히틀러의 잔악성이 모든 국민들에게 점염되어 일반화되는 현상, 또는 9·11 세계무역센터의 테러사건에 숨어있는 악마적 구조를 반성적으로 드러내고자 하였다. 히틀러와 테러리스트들의 가슴 속에 쌓인 분노에 대한 정신분석학적 접근을 통해서만 우리는 홀로코스트의 숨은 이면을 이해할 수 있는 것이다.

지젝의 종교, 특히 기독교에 대한 이해 역시 매우 독특하다. 2000년에 출간된 『무너지기 쉬운 절대성: 왜 기독교적 유산과 싸울 가치가 있는가?』(2000), 『믿음에 대하여』(2001), 『난쟁이와 꼭두각시』(2003, 한국어판: 『죽은 신을 위하여』)는 기독교에 대한 그의 중요한 저서들이다. 유물론적 유대인이었던 발터 벤야민은 당시 진보 이념의 헤게모니를 장악하고 있었던 유물론이 실제로는 신학에 기초하고 있다고 보면서, 유물론을 꼭두각시로, 그리고 신학은 꼭두각시를 조종하는 난쟁이로 비유하였다. 그러나 지젝은 유물론과 신학의 관계를 난쟁이와 꼭두각시로 전복시킨다. 기독교적 체험만이 진정한 변증법적 유물론으로 인도한다는 것이다.

지젝은 교회가 복음, 곧 '좋은 소식'을 전하기 위해서는 "곡물 저장고나 문화의 궁전으로 변화되어야" 한다고 보았다. 그의 기독교 해석은 도착적이다. 그는 유대교가 다신교적 향유와 단절하듯이, 기독교 역시 유일신론을 지향하는 실체적 공동체와 단절함으로써, 즉 유대교의 숭고한 존재가 다시 평범한 한 남자를 신으로 변화시키는 탈승화, 즉 역전을 감행함으로써 구원의 종교가 완성되고, 이를 통하여 기독교만이 인간으로 하여금 처벌받지 않고 향락을 즐길 수 있는 안전장치를 제공한다는 것이다.

지젝에 의하면 현대인의 신앙은 공동체의 생활양식을 존중하면서 종교적 의식이나 관행을 지키는 문화 행위이다. 문화로서의 종교는 진짜로 믿지 않으면서 믿는 것처럼 행동하는 것이다. 그러나 만일 진짜로 믿어서 행동할 경우에는 반문화적이고 야만적으로 추락하게 된다. 2001년에 탈레반 무장세력이 바미안의 유서 깊은 불상을 파괴한 것은 그들이 유일신을 실제로 믿었기 때문이다. 문화적으로 믿었더라면 불상을 파괴하지 않았을 것이다. 그러나 그들은 실제로 불상을 우상으로 여겨서 파괴하고 말았다. 그 실제적인 믿음이 그들 자신들을 야만적으로 규정받게 한 것이다. 그렇다면 우리는 어떤 믿음을 가져야 하는가?

신약성서적 전통을 비틀어보면 기독교를 세계화한 사도 바울이야말로 가장 반 예수적인 인물이었다. 마르크스를 오독한 레닌처럼 바울은 예수의 가르침 자체보다는 그의 수난과 부활에만 관심을 가졌다. 따라서 현대신학의 과제는 바울의 전통에서 진짜 예수를 부활시키는 데 있다는 것이다. 사도 바울을 유대교 전통 내부의 인물로 위치시킬 때에 우리는 '생성 중에 있는 기독교'를 포착할 수 있다는 것이다.

지젝은 1982년에 파리8대학의 정신분석학과 교환교수로 활동을 시작한 이래 서니 버팔로, 미네소타, 컬럼비아, 프린스톤, 미시간, 조지타운 등 세계적인 대학을 전전하면서 명성을 드날렸으며, 350회 이상의 국제철학회 및 정신분석학회에 참여하였다. 그는 2003년에 다석강좌의 초청으로 우리나라를 방문한 바 있다.

지젝이 쓴 대부분의 주요 저작들은 우리말로 번역 소개되었다. 1997년에 소개된 『당신의 징후를 즐겨라』를 비롯하여, 『향락의 전이』, 『항상 라캉에 대해 알고 싶었지만 감히 히치콕에게 물어보지 못한 모든 것』, 『환상의 돌림병』, 『믿음에 대하여』, 『이데올로기라는 숭고한 대상』, 『매트릭스로 철학하기』, 『실재계 사막으로의 환대』, 『그들은 자기가 하는 일을 알지 못하나이다』, 『무너지기 쉬운 절대성』, 『진짜 눈물의 공포』, 『이라크: 빌려온 항아리』, 『성관계는 없다』, 『까다로운 주체』, 『혁명이 다가온다』, 『신체없는 기관』, 『라캉』, 『부정적인 것과 함께 머물기』, 『죽은 신을 위하여』, 『전체주의가 어쨌다구?』, 『지젝이 만난 레닌』 등이 쏟아져 나왔다.

지젝의 소개서로는 이안 파커의 『지젝: 비판적 독해』가 독보적이다. 그전에 토니 마이어스의 『누가 슬라보예 지젝을 미워하는가』와 사라 케이의 『슬라보예 지젝』도 번역 소개되었다. 국내학자들의 지젝에 관한 논문은 다수이지만, 저서로는 권택영의 『잉여 쾌락의 시대: 지젝이 본 후기산업사회』가 나왔을 뿐이다.

후기(後記)

이 책에서 다룬 18인의 현대철학자들은 현대 한국사회의 인문학적, 철학적 지형의 특징을 잘 드러내고 있다. 우리 사회에서 가장 활발하게 연구되고 있는 현대철학자 그룹을 살펴보면 그와 같은 철학적 지형도는 매우 선명하게 나타난다. 가장 활발하게 연구되는 철학자들로는 하이데거, 비트겐슈타인, 하버마스, 들뢰즈를 들 수 있다. 이들은 실존주의, 분석철학, 사회철학, 포스트모더니즘을 각각 대표하는 철학자들이다. 이들은 동시에 철학뿐만 아니라 다른 학문 영역에서도 큰 관심의 대상이 되는 그런 철학자들이다. 앞의 세 사람은 그런대로 자신들의 영역에서 이름을 빛내고 있지만, 들뢰즈의 이름이 포스트모더니즘을 대표하는 푸코나 데리다를 제치고 수위에 들어선 것은 매우 특이한 현상이다.

가장 특징적인 것은 우리 사회에 영향력을 발휘하고 있는 현대철학자들 중 절반 이상이 유대계 철학자들이라는 사실이다. 이 그룹에는 블로흐, 비트겐슈타인, 벤야민, 포퍼, 아도르노, 요나스, 아렌트, 레비나스, 데리다를 들 수 있다. 이들 모두는 나치를 피하여 망명길에 올랐으며, 벤야민은 망명 도중에 죽음을 맞이하였고, 레비나스는 포로수용소에서 보냈다. 야스퍼스는 유대인이 아니었지만 그 부인이 유대인이라서 똑같은 고통을 감내할 수밖에 없었다. 당시의 유대계 철학자들 대다수가 철학의 대가였다는 사실을 차치하고서라도 그들이 당한 고통의 정서가 우리민족의 애환과 닮은꼴이라는 사실이 이들의 철학적 사유에 대한 공감을 불러왔던 것이 분명하다. 그리고 전체주의의 만행을 이어서 이념분쟁과 군사 독재주의의 폭거에 의하여 큰 희생을 치러왔던 우리 국민들에게 유대인의 철학은 고통을 극복하는 지혜로서 받아들여진 측면도 강하다. 특히 아렌트의 철학은 악의 만행에 대한 본질적 접근을 가능하게 했던 사실에서 시사하는 바가 크다.

이들 철학자들에 대한 지형도 분석을 통하여 아직도 우리 사회에서는 형이상학을 선호하는 분위기가 남아있다는 사실을 확인할 수 있다. 화이트헤드의 과정 형이상학적 사유는 불교와의 접목을 통하여 새롭게 해석되고 있으며, 최근 들어 고형곤, 김형효, 김진, 김종욱, 권순홍을 중심으로 하이데거와 불교의 비교 연구도 활발하게 진행되고 있다. 야스퍼스, 블로흐, 요나스, 들뢰즈의 형이상학적 사유에 대한 관심도 점진적으로 확대되고 있다.

우리 사회에서의 사회 및 정치철학에 대한 관심은 블로흐, 벤야민, 아렌트와 같은 마르크스주의와 유대신비주의의 혼종사상가들, 아도르노와 하버마스와 같은 사회비판이론가들, 그리고 포퍼와 롤즈와 같은 자유주의 사상가들, 그리고 라캉, 푸코, 지젝과 같은 정신분석학적 사회비평가들에서 보는 것처럼 매우 다양한 스펙트럼이 혼재하고 있는 것을 알 수 있다. 이것은 오늘날 우리 사회에서 추구되는 자유와 정의의 이념이 과거와 같이 일방적이거나 일의적이지 않다는 사실을 보여준다. 이제 우리 사회에서 보수와 진보, 민주와 반민주, 좌파와 우파와 같이 단순한 이분법적 도식으로 재단하려는 시도는 더 이상 용납되지 않는다는 사실을 유념할 필요가 있다.

가장 특징적인 사회 현상으로 언론 권력을 들 수 있다. 과거의 언론사는 군사정부의 정당성을 담보하는 막강한 힘을 발휘하였으며, 노무현 정권을 탄핵 위기로부터 구할 수 있었던 방송사의 위력 역시 정치권의 모든 권력을 능가할 정도로 대단한 것이었다. 그래서 이제 국민들은 언론방송의 권력 역시 독점에서 분립으로 이행할 것을 촉구하고 있는 것이다. 방송사들이 권력을 빼앗기지 않으려고 안간힘을 쓰는 것이나 국회의원들이 회의실을 점거하고 폭력을 휘두르는 것 자체가 우리 사회의 비정상성을 드러내고 있다. 어떻게 보면 그것들은 순수 논리적으로 연쇄 강간살인 사건의 범죄자들과 전혀 다를 바가 없다. 성폭행 범죄자는 자기가 상대하고 싶은 사람을 임의로 골라서 자기가 하고 싶은 대로 온갖 위해를 가하는 자이다. 뉴스 진행자는 코멘트를 하지 않아야 한다. 뉴스를 진행하는 앵커가 마지막으로 던지는 코멘트는 그 자신의 도덕성에서 우러나오는 것이 아니라, 자신이 속한 집단의 이익을 대변하려는 프로파간다에 지나지 않기 때문이다. 언론사 역시 사설이나 오피니언 이외의 뉴스 기사에서는 주관적인 의견을 기술하지 않아야 한다. 이제 우리는 상식을 되찾아야 하고, 상식을 지키기 위하여 노력해야 한다. 새로운 경쟁사의 진입을 막는 것으로 언론이나 방송의 권역을 보장받으려고 하는 것은 독점적 사유의 전형에 속한다. 방송언론이 독점을 통하여 존립할 수 있는 시대는 이미 지나갔다. 지금은 무한경쟁의 시대이다. 주요 언론사들이 공중파매체사업에 진출하지 못하도록 저지하는 것으로 기존 방송사의 권익을 보호할 수 있다고 생각하는 것은 자기가 하고 싶은 대로 행하는 범죄자들의 속성과 크게 다르지 않다. 자기가 하고 싶은 대로 하는 것만이, 언제나 허용될 수 있고 어디서나 허용되어야 한다고 생각하는 것은 자유가 아니라 특권과 특혜를 영구화하려는 범죄라는 사실을 깨달아야 한다.

우리 사회도 이제는 포스트모던화 현상을 보이고 있다. 모든 것을 하나의 잣대로 재단하는 것 자체를 거부하고 있다. 그리고 다양한 이익 주장들이 여기저기에서 분출하고 있다. 왜 공무원들은 시험을 쳐서 들어와야 하고 국가는 그들에게 평생 직장을 보장해 주어야 하는 것일까? 시험을 쳐서 선발하더라도 군복무처럼 특정한 기간 동안만 근무하게 하는 것은 어려운 일인가? 왜 초등학교 교사들은 예외 없이 교육대학을 졸업해야 하는 것일까? 왜 인생이 단 한 번의 시험으로 결정되어야만 하는 것일까? 왜 정치인들에게는 정년이 없는 것일까? 왜 사회복지관 관장은 사회복지사 자격증을 가진 사람으로만 한정해야 하는 것일까? 왜 군복무 가산점제도는 평등권에 위배되고 여성의 군복무 면제는 평등권에 위배되지 않는 것일까? 왜 자영업자들의 재료비는 정산을 하면서 지식종사자들의 도서비는 정산 대상이 되지 않는 것일까?

사람들은 저마다 특출한 능력과 자질을 갖추고 있는 경우가 많다. 자격증이 절대적으로 요구되는 경우는 사람의 생명과 관련된 것으로 한정될 필요가 있다. 특정한 자격증이 없더라도 경력과 경륜이 그 자격증을 능가하거나 그것과는 다른 능력이 특출하여 단순히 자격증만을 가진 사람보다 훨씬 더 뛰어날 수 있다는 사실을 감안한다면 다양한 능력의 소유자들이 경합할 수 있도록 하는 것이 사회 발전에 도움이 될 수도 있기 때문이다.

우리 사회의 욕구들은 이제 70 · 80년대의 수준이 아니다. 자유와 정의를 위해서라면 강의실에 돌을 던지고, 끝까지 강의를 계속하려는 교수를 멱살잡이하는 것조차 용납되던 시절이 있었다. 그러나 그런 식의 자유와 정의는 더 이상 우리가 바라는 진정한 자유와 정의가 아니다. 자유와 정의를 바라보는 시선에 놀라운 변화가 생긴 것이다. 얼마 전까지만 해도 우리는 다수결이나 만장일치의 독재, 즉 파시즘의 정치를 혐

오하였다. 그런데 오늘 우리 사회에서 국민들은 정당한 표 대결을 요구하고 있다. 우리나라의 민주주의가 발전하기 위해서는 헌법이 규정하는 의사결정의 방식에 따라야 하며, 비록 다수결이 잘못된 방향으로 결론을 내리더라도 그것을 존중해야 한다고 보는 것이다. 따라서 여야는 더 이상 정쟁에 휩쓸리지 말고 정당하게 표결처리를 해야 한다. 힘이 없는 정당은 당연히 표 대결에서 져야 한다. 이것이 바로 세태의 흐름이요 변화이다. 왜 그런가? 지난 세대에는 국민들이 정상적인 방식으로 의사결정을 할 수 없었으며, 따라서 정치인들이 국민의 진정한 대변자라고 믿을 수 없는 상황이었다. 그러나 지금은 국민들이 충분하게 자신들의 의사를 개진할 수 있고, 그 결과에 따라서 정치인들이 선출되고 있다. 그러므로 국민들은 당연히 자신들이 선출한 정치인들로 하여금 헌법이 규정하는 바의 절차에 따라서 의사결정을 하는 것이 필요하다고 생각하게 된 것이다. 그러나 우리 정치권은 그와 같은 국민적 요구를 외면함으로써 국민이 부여한 신성한 직무를 유기하고 있는 것이다.

현대사회의 정치철학에서 가장 중요한 이슈 중의 하나는 국회를 정점으로 하는 민주적인 의사결정의 중요성과 헌법재판소를 정점으로 하는 법적 체제의 완결성이라는 두 가지 상이한 가치 충돌을 합리적으로 조정하는 것이다. 이와 같은 최고 국가권력의 갈등은 국민 주권주의의 체제가 안고 있는 문제점이기도 하지만, 이러한 충돌을 통하여 자유 민주주의 체제가 더 굳건해질 수 있다는 것을 알아야 한다. 국회의 표결처리가 정상성을 이탈할 경우에 헌법재판소가 바로 잡을 수 있다. 헌법재판소마저도 그것을 바로 잡지 않을 경우에는 국민들이 선거를 통하여 심판할 수 있다. 이것이 우리가 지금까지의 투쟁을 통하여 얻어낸 성과이다. 다시 말하지만 지금 우리에게 보수는 나쁜 것이고 진보는 선한 것이라는 이야기는 더 이상 통용되지 않는다. 보수와 진보의 가치 판단은 현실에 대한 정확한 이해를 전제해야 하며, 우리가 서있는 현실을 그대로 지켜나가는 것이 유익할 경우에는 보수가 선이고 진보가 악일 것이지만, 우리의 현실이 부정되어야 할 것이라면 보수가 악이고 진보가 선일 것이다. 좌파와 우파에 대한 평가 역시 정확한 현실 이해에서 이루어져야 한다. 기존의 사법적 질서를 무력화하는 위원회의 결정으로 우리 사회가 가치의 위기상황에 내몰리고 있다면, 우리는 근본에서부터 그러한 제도의 효용적 가치를 반성해 보아야 한다. 왜냐하면 역사상 모든 제국들은 외침보다는 내부의 혼란과 부패에 의하여 무너졌기 때문이다. 정체성의 위기는 모든 존재의 존립을 훼손하는 일차적인 요인이다. 그러므로 우리가 서 있는 현실을 정확하게 진단하고 그것이 우리가 유지 존속시키려는 정체성과 일치하는 가를 부단하게 점검하는 작업이 요구되지 않으면 안 된다.

세계는 지금 국제적인 경제 위기 앞에서 극심한 혼란을 빚고 있다. 우리가 이 위기를 적절하게 활용할 수 있다면 우리 대한민국은 동북아시아의 새로운 희망으로 발돋움할 수 있을 것이다. 오늘날 전쟁을 통하여 영토를 확장할 가능성은 거의 사라졌으며, 명분도 서지 않을 것이다. 우리 민족은 한 번도 전쟁을 통한 침략을 단행하지 않았다. 그것이 바로 우리의 국력이고 문화적 자긍심이다. 지금은 공산주의가 차지하고 있는 중원의 역사만 하더라도 부여, 거란, 여진, 몽고, 만주, 왜 등, 주변의 제 종족이 차지한 바 있지만, 그래도 우리 한민족만은 한 번도 그것을 탐하지 않으면서도 지금까지의 민족적 자긍심을 이어 왔다. 우리 민족의 무능이라고 할 수도 있겠지만 그것은 모르는 일이다. 그것이 본래 우리 조상들의 땅이었고, 우리가 버려두고 온 땅이었을지도 모른다. 그 땅을 욕심내는 것보다는 글로벌 위기를 극복하고 경제와 문화의 힘을 내외에 떨치는 것만으로도 우리는 이웃나라에 엄청난 영향을 미칠 수 있을 것이다. 새로운 시대에는 드넓은 영토가 오히려 불편한 것이 될 수 있다. 새로운 시대의 패권은 영토나 인구가 아닌 지식 · 정보 · 문화의 힘이 결정할 것이기 때문이다. 우리는 바로 그러한 힘을 비축하기 위하여 고심하고 또 고심해야 한다. 우주 속에 흩어져 있는 무한한 에너지의 보고(寶庫)를 우리의 것으로 가져다 쓸 수 있는, 그와 같은 새로운 영지주의 시대의 출현을 가시화하는 것이 바로 우리 시대의 소명이 되어야 한다. 우주가 우리의 것이 되고, 미래의 시간이 우리의 것이 되며, 우주 속에 충만한 영적인 에너지들이 우리의 것이 될 수 있도록, 우리 스스로 각성하고, 우리 스스로를 분발하게 하며, 우리들 모두가 이 모든 것들의 주인이 될 수 있도록 독려해 나가야 할 것이다.

지엽(枝葉)의 힘을 최대화하여 전체(全體)를 살려나갈 수 있도록 헌신하는 것이야말로 우리의 타자(他者)를 조건 없이 환대할 수 있는 철학적 자산이 될 수 있을 것이다. 그것이 바로 우리 시대 우리 민족이 추구해야 할 철학의 힘이다.

참고문헌

1. 알프레드 화이트헤드

1) 국내에 번역 소개된 화이트헤드 저술

『종교론』, 류기종 역, 종로서적 1986.
『상징작용: 그 의미와 효과』, 정연홍 역, 서광사 1989.
『수학의 이해』, 조인호 역, 고려대학교출판부 1990.
『열린 사고와 철학』, 오영환 외 역, 고려원 1992.
『이성의 기능』, 이문출판사 2000.
『과학과 근대세계』, 오영환 역, 서광사 1990.
『화이트헤드의 수학에세이』, 오채환 역, 청음사 1993.
『과학과 근대세계』, 김준섭 역, 을유문화사 1993.
『관념의 모험』, 오영환 역, 한길사 1997.
『자연인식의 원리』, 전병기 역, 이문출판사 1998.
『상대성원리』, 전병기 역, 이문출판사 1998.
『자연의 개념』, 안형관 외 역, 이문출판사 1998.
『이성의 기능』, 김용옥 역, 통나무 1998.
『과정과 실재』, 오영환 역, 민음사 2003.
『사고의 양태』, 오영환 외 역, 다산글방 2003.
『교육의 목적』, 유재덕 역, 처음 2003.
『형성과정에 있는 종교』, 정강길 역, 동과서 2003.
『상징활동 그 의미와 효과』, 문창옥 역, 동과서 2003.
『교육의 목적』, 오영환 역, 궁리 2004.

2) 국내에 번역 소개된 화이트헤드 관련 저술

캅, 존 B.,『과정신학과 목회신학』, 이기춘 역, 대한기독교서회 1983.
캅, 존 B.,『과정신학과 불교』, 김상일 역, 대한기독교출판사 1988.
멜러트, 로버트 B.,『과정신학입문』, 홍정수 역, 대한기독교서회 1989.
멜러트, R.,『화이트헤드의 철학과 신학』, 김상일 역, 지식산업사 1989.
캅, 존, 데이비드 그리핀 외,『과정신학』, 류기종 역, 황소와소나무 2002.
캅, 존,『과정신학』, 류기종 역, 열림 1993.
오딘, 스티븐,『과정형이상학과 화엄불교』, 안형관 역, 이문출판사 1999.
그리핀, 데이빗,『포스트모던 하나님 포스트모던 기독교』, 강성도 역, 한국기독교연구소 2002.
레클레어, 아이보르,『화이트헤드 형이상학 이해의 길잡이』, 이문출판사 2003.
호진스키, 토마스,『화이트헤드 철학 풀어 읽기』, 장왕식 외 역, 이문출판사 2003.
메슬, 로버트,『과정신학과 자연주의』, 이경호 역, 이문출판사 2003.
그리핀, 데이비드,『화이트헤드철학과 자연주의적 종교론』, 장왕식 외 역, 동과서 2004.
프라이스, 루시언,『화이트헤드와의 대화』, 오영환 역, 궁리 2006.
그리핀, 데이비드,『과정신정론』, 이세형 역, 이문출판사 2007.

3) 국내 학자의 화이트헤드 관련 저술

안형관,『화이트헤드 철학의 이해』, 이문출판사 1988.
김상일,『화이트헤드와 동양철학』, 서광사 1993.
강성도,『화이트헤드의 과정철학입문』, 조명문화사 1995.
오영환,『화이트헤드와 인간의 시간경험』, 통나무 1997.
한국화이트헤드학회,『창조성의 형이상학』, 동과서 1998.
박재주,『주역의 생성논리와 과정철학』, 청계 1999.
문창옥,『화이트헤드 과정철학의 이해』, 통나무 1999.
이동희,『화이트헤드와 성리학의 만남』, 계명대학교출판부 1999.
고목,『화이트헤드의 유기체철학과 불교』, 시간과공간사 1999.
김상일,『수운과 화이트헤드』, 지식산업사 2001.
한국화이트헤드학회편집위원회,『화이트헤드와 현대』, 동과서 2002.
문창옥,『화이트헤드 철학의 모험』, 통나무 2002.

장왕식, 『종교적 상대주의를 넘어서』, 대한기독교서회 2002.
유기종, 『종교와 신과 세계: 과정신학의 기초원리』, 황소와나무 2003.
김진, 『화이트헤드와 화엄형이상학』, 울산대학교출판부 2004.
정연홍, 『화이트헤드의 과정철학』, 충남대학교출판부 2004.
문창옥, 『화이트헤드 철학 읽기』, 동과서 2005.
정강길, 『화이트헤드와 새로운 민중신학』, 한국기독교연구소 2006.

2. 에른스트 블로흐

1) 국내에 번역 소개된 블로흐의 저술

『철학입문』, 청하 1983.
『희망의 원리』, 전5권, 박설호 역, 열린책들 2004.
『서양 중세・르네상스 철학 강의』, 박설호 역, 열린책들 2008.
『저항과 반역의 기독교』, 박설호 역, 열린책들 2009.

2) 국내에 번역 소개된 블로흐 관련 저술

마르쿤, 실비아(Silvia Markun), 『희망의 철학자 블로흐』, 백승균 역, 계명대학교 출판부 1982.

3) 국내학자의 블로흐 관련 저술

손철성, 『유토피아, 희망의 원리: 현대 사회에서 유토피아론의 재구성을 위한 철학적 탐구』, 철학과현실사 2003.
김진, 『퓌지스와 존재사유』, 문예출판사 2003.
김진, 『칸트와 불교』, 철학과현실사 2004.
김진, 『에른스트 블로흐와 희망의 원리』, 울산대학교출판부 2006.

3. 칼 야스퍼스

1) 국내에 번역 소개된 야스퍼스의 저술

『철학적 신앙』, 신옥희 역, 이화여자대학교출판부 1979.

『니체 생애』, 까치 1984.

『지혜에의 길』, 형설사 1985.

『역사의 기원과 목표』, 백승균 역, 이화여자대학교 출판부 1986.

『철학적 사유의 작은 학교』, 이상철 역, 서광사 1989.

『계시에 직면한 철학적 신앙』, 신옥희 역, 분도출판사 1989.

『현대의 이성과 반이성』, 황문수 역, 사상사 1992.

『초월자의 암호』, 이종후 역, 이문출판사 1996.

『대학의 이념』, 이수동 역, 학지사 1997.

『비극론, 인간론』, 황문수 역, 범우사 1999.

『이성과 실존』, 황문수 역, 서문당 1999.

『척도를 주는 인간들』, 정영도 역, 세종출판사 2000.

『위대한 사상가들: 소크라테스, 석가모니, 공자, 예수』, 권영경 역, 책과함께 2005.

『니체와 기독교』, 이진오 역, 철학과현실사 2006.

2) 국내에 소개된 야스퍼스 관련 저술

월래프, 『야스퍼스의 철학사상』, 정영도 역, 서문당 1986.

쿠르트 잘라문, 『칼 야스퍼스: 그의 철학함의 이해를 위한 입문』, 정영도 역, 이문출판사 1996.

한스 자너, 『야스퍼스』, 백승균 역, 박영사 1979; 한길사 1998.

리하르트 비서, 『카를 야스퍼스』, 정영도 역, 문예출판사 1999.

3) 국내학자의 야스퍼스 관련 저술

이선숙, 『야스퍼스 철학』, 동서문화원 1976.

황문수, 『실존과 이성: 야스퍼스 연구』, 문예출판사 1980.

김병우, 『존재와 상황: 하이데거와 야스퍼스 연구』, 한길사 1982.

신득렬, 『야스퍼스 철학에 있어서 실존과 교육』, 학문사 1984.

김병우, 『야스퍼스의 실존적 자유사상』, 한남대학교출판부 1988.

김병우, 『야스퍼스의 사회적 자유사상』, 한남대학교출판부 1988.
정영도 편, 『야스퍼스 철학의 근본문제』, 이문출판사 1998.
신옥희, 『일심과 실존: 원효와 야스퍼스의 철학적 대화』, 이화여자대학교출판부 2000.
정병조, 『야스퍼스의 불교관』, 한국학술정보 2005.
한국야스퍼스학회 편, 『칼 야스퍼스 비극적 실존의 치유자』, 철학과현실사 2008.

4. 마르틴 하이데거

1) 국내에 번역 소개된 하이데거의 저술

『하이데거의 시론과 시문』, 전광진 역, 탐구당 1981.
『시간과 존재』, 청하 1986.
『철학이란 무엇인가』(세계사상전집 27), 최동희 외 역, 삼성출판사 1990.
『존재와 상황』, 김병우 역, 한길사 1990.
『예술작품의 근원』, 오병남 역, 경문사 1990.
『니체 철학강의』, 자작나무 1991.
『존재와 시간』, 전양범 역, 시간과공간사 1992; 동서문화사 2008.
『기술과 전향』, 이기상 역, 서광사 1993.
『사유란 무엇인가』, 권순홍 역, 고려원 1993.
『현상학의 근본문제들』, 이기상 역, 문예출판사 1994.
『형이상학입문』, 박휘근 역, 문예출판사 1994.
『세계상의 시대』, 최상욱 역, 서광사 1995.
『형이상학이란 무엇인가』, 이기상 역, 서광사 1995.
『존재와 시간』, 소광희 역, 경문사 1995.
『예술작품의 근원』, 오병남 역, 예전사 1996.
『니체와 니힐리즘』, 박찬국 역, 지성의샘 1996.
『셸링』, 최상욱 역, 동문선 1997.
『존재와 시간』, 이기상 역, 까치 1998.
『형이상학이란 무엇인가』, 최동희 역, 서문당 1999.
『니체와 니힐리즘』, 박찬국 역, 철학과현실사 2000.

『동일성과 차이』, 신상희 역, 민음사 2000.
『형이상학의 근본개념들: 세계-유한성-고독』, 이기상 역, 까치 2001.
『칸트와 형이상학의 문제』, 이선일 역, 한길사 2001.
『진리의 본질에 관하여』, 이기상 역, 까치 2004.
『사유란 무엇인가』, 권순홍 역, 길(박우정) 2005.
『이정표』, 신상희 역, 한길사 2005.
『횔덜린의 송가』(이스터), 최상욱 역, 동문선 2005.
『철학 입문』, 이기상 역, 까치 2006.
『강연과 논문』, 이기상 역, 이학사 2008.
『숲길』, 신상희 역, 나남 2008.
『사유의 사태로』, 문동규, 신상희 역, 길 2008.

2) 국내에 번역 소개된 하이데거 관련 저술

오트, 하인리히, 『사유와 존재: 마르틴 하이데거의 길과 신학의 길』, 연세대학교 출판부 1985.
뮐러, 막스, 『실존철학과 형이상학의 위기: 하이데거 철학의 이해를 위해』, 박찬국 역, 서광사 1988.
휩셔, 아르투르, 『헤겔에서 하이데거로』, 삼성미술문화재단 1989.
골드만, 뤼시앵, 『루카치와 하이데거』, 황태연 역, 까치 1990.
페겔러, 오토, 『하이데거 사유의 길』, 이기상 외역, 문예출판사 1993.
카푸토, 존 D., 『마르틴 하이데거와 토마스 아퀴나스』, 정은해 역, 시간과공간사 1993.
베르나스코니, 로버트, 『하이데거의 존재의 역사와 언어의 변형』, 송석랑 역, 자작아카데미 1995.
메길, 앨런, 『극단의 예언자들: 니체 하이데거 푸코 데리다』, 정일준 역, 새물결 1996.
슈미트, G., 『헤겔과 하이데거: 존재개념 비교연구』, 조관홍 외 역, 이문출판사 1996.
스타이너, G., 『하이데거』, 임규정 역, 지성의샘 1996.
비멜, 발터, 『하이데거』, 신상희 역, 한길사 1997.
한국해석학회 편, 『후기 하이데거와 자유현상학』, 지평문화사 1997.

폰 헤르만, 프리드리히 빌헬름, 『하이데거의 존재와 시간을 찾아서』, 신상희 역, 한길사 1997.
폰 헤르만, F.W., 『하이데거의 예술철학』, 이기상 외 역, 문예출판사 1997.
비서, 리하르트, 『하이데거 사유의 도상에서』, 강학순 외 역, 철학과현실사 2000.
빌라, 다나 R., 『아렌트와 하이데거』, 서유경 역, 교보문고 2000.
마이어슨, 조지, 『하이데거 하버마스 그리고 이동전화』, 김경미 역, 이제이북스 2003.
보스, 메다드, 『정신분석과 현존재분석』, 이죽내 역, 하나의학사 2003.
페터, 한스, 『하이데거와 선』, 이기상 외 역, 민음사 1995.
콜린스, 제프, 『하이데거와 나치』, 이경현 역, 이제이북스 2004.
데리다, 자크, 『정신에 대해서』, 박찬국 역, 동문선 2005.
맥쿼리, 존, 『하이데거와 기독교』, 강학순 역, 한들출판사 2006.
와츠, 마이클, 『30분에 읽는 하이데거』, 전대호 역, 랜덤하우스코리아 2006.
콜린스, 제프, 『하이데거』(하룻밤의 지식여행), 김민훈 역, 김영사 2008.
클라크, 티머시, 『마르틴 하이데거 너무나 근본적인』, 김동규 역, 앨피 2008.

3) 국내 학자의 하이데거 관련 저술

그리스도교철학연구소 편, 『하이데거의 철학사상』, 서광사 1988.
김영한, 『하이데거에서 리꾀르까지』, 박영사 1989.
이기상, 『하이데거의 실존과 언어』, 문예출판사 1991.
최윤식 외, 『하이데거에서 가다머로』, 조명문화사 1992.
이기상, 『하이데거의 존재와 현상』, 문예출판사 1992.
이기상 편, 『하이데거 철학에의 안내』, 서광사 1993.
한국하이데거학회 편, 『하이데거의 존재사유』, 철학과현실사 1995.
안상진, 『하이데거 철학의 근본문제』, 철학과현실사 1996.
최양부, 『하이데거: 존재사유의 길』, 문경출판사 1997.
한국하이데거학회 편, 『하이데거의 철학세계』, 철학과현실사 1997.
한국하이데거학회 편, 『하이데거의 언어사상』, 철학과현실사 1998.
이수정 외, 『하이데거: 그의 생애와 사상』, 서울대학교출판부 1999.
한국하이데거학회 편, 『하이데거와 근대성』, 철학과현실사 1999.
소광희 외, 『하이데거와 철학자들』, 철학과현실사 1999.

권순홍, 『존재와 탈근거: 하이데거의 빛의 형이상학』, 울산대학교출판부 2000.
김종두, 『하이데거에 있어서 존재와 현존재』, 서광사 2000.
신상희, 『시간과 존재의 빛: 하이데거의 시간이해와 생기사유』, 한길사2000.
이서규, 『인간과 실존: 하이데거의 철학』, 이문출판사 2000.
한국하이데거학회 편, 『하이데거와 자연 환경 생명』, 철학과현실사 2000.
김형효, 『하이데거와 마음의 철학』, 청계 2001.
박찬국, 『하이데거와 나치즘』, 문예출판사 2001.
성홍기, 『하이데거』, 이문출판사 2001.
한국하이데거학회 편, 『하이데거 철학과 동양사상』, 철학과현실사 2001.
구연상, 『공포와 두려움 그리고 불안: 하이데거의 기분 분석을 바탕으로』, 청계 2002.
박찬국, 『하이데거와 윤리학』, 철학과현실사 2002.
김형효, 『하이데거와 화엄의 사유』, 청계 2002.
이기상 외, 『마르틴 하이데거 존재론』, 서광사 2002.
김종욱, 『하이데거와 형이상학 그리고 불교』, 철학과현실사 2003.
소광희, 『하이데거 존재와 시간 강의』, 문예출판사 2003.
이기상, 『하이데거의 존재사건학』, 서광사 2003.
한국하이데거학회 편, 『하이데거와 현대 철학자들』, 살림 2003.
김진, 『하이데거와 불교』, 울산대학교출판부 2004.
박찬국, 『들길의 사상가 하이데거』, 동녘 2004.
조규철, 『마르틴 하이데거와 존재사유』, 울산대학교출판부 2004.
한국하이데거학회 편, 『하이데거 연구』(제9집), 세림엠앤비 2004.
김대환, 『하이데거로 해석한 워즈워스 시의 세계』, 한국학술정보 2005.
이기상, 『존재와 시간』, 살림 2006.
최상욱, 『하이데거와 여성적 진리』, 철학과현실사 2006.
배상식, 『하이데거와 로고스: 하이데거의 언어사상에 대한 해명』, 한국학술정보 2007.
신상희, 『하이데거와 신』, 철학과현실사 2007.
윤용아, 『존재의 철학자 하이데거 VS 의미의 철학자 비트겐슈타인』, 숨비소리 2007.
박찬국, 『하이데거는 나치였는가』, 철학과현실사 2007.
김유중, 『김수영과 하이데거: 김수영 문학의 존재론적 해명』, 민음사 2007.

박승억, 『후설 & 하이데거 : 현상학, 철학의 위기를 돌파하라』, 김영사 2007.
이학준, 『장자와 하이데거 스포츠를 말하다』, 북스힐 2008.
전동진, 『생성의 철학: 하이데거의 존재론과 롬바흐의 생성론』, 서광사 2008.
권순홍, 『유식불교의 거울로 본 하이데거』, 길 2008.

5. 루트비히 비트겐슈타인

1) 국내에 번역 소개된 비트겐슈타인의 저술

『비트겐슈타인 선집 세트(전7권), 이영철 역, 책세상 2006.
(제1권 『논리-철학 논고』, 2. 『소품집』, 3. 『청색책 · 갈색책』, 4. 『철학적 탐구』, 5. 『쪽지』, 6. 『확실성에 관하여』, 7. 『문화와 가치』)
『확실성에 관하여』, 서광사 1990.
『논리 철학-논고』, 천지 1991.
『철학적 탐구』, 서광사 1994.
『수학의 기초에 관한 고찰』, 서광사 1997.
『청갈색책』, 진중권 역, 그린비 2006.

2) 국내에 번역 소개된 비트겐슈타인 관련 저술

수잔, 『칸트 대 비트겐슈타인』, 동국대학교 출판부 1988.
슐쯔, 발터, 『철학의 부정: 비트겐슈타인 비판』, 안형관 역, 이문출판사1989.
판, K.T., 『비트겐슈타인의 철학이란 무엇인가?』, 서광사 1989.
핏처, 죠지, 『비트겐슈타인의 철학』, 박영식 역, 서광사 1990.
허드슨, 도날드, 『비트겐슈타인의 종교철학』, 외계출판사 1990.
거드문센, 크리스, 『비트겐슈타인과 불교』, 고려원 1991.
히튼, 존, 『비트겐슈타인 - 무엇이 세계를 움직이는가』, 이두 1995.
베른하르트, 토마스, 『비트겐슈타인의 조카』, 윤선아 역, 현암사 1997.
수터, R., 『비트겐슈타인과 철학』, 서광사 1998.
부흐테를, 쿠르트, 『비트겐슈타인』, 최경은 역, 한길사 1999.
헤리스, 로이, 『소쉬르와 비트겐슈타인의 언어』, 고석주 역, 보고사 1999.
벳첼, 크리스, 『비트겐슈타인』, 안정오 역, 인간사랑 2000.

피어스, 데이비드, 『비트겐슈타인』, 정영목 역, 시공사 2000.
몽크, 레이, 『루드비히 비트겐슈타인 - 천재의 의무』, 남기창 역, 문화과학사 2000.
해커, P.M.S., 『비트겐슈타인』, 궁리 2001.
케니, 앤서니, 『비트겐슈타인』, 김보현 역, 철학과현실사 2001.
에드먼즈, 데이비드 외, 『비트겐슈타인은 왜? - 두 위대한 철학자가 벌인 10분 동안의 논쟁』, 웅진지식하우스 2001.
히튼, 존 M., 『비트겐슈타인과 정신분석학』, 전대호 역, 이제이북스 2002.
신세한, 『30분에 읽는 비트겐슈타인』, 김종승 역, 랜덤하우스코리아 2004.
툴민, 스티븐 외, 『비트겐슈타인, 그 세기말의 풍경 - 합스부르크 빈의 마지막 날들과 비트겐슈타인의 탄생』, 석기용 역, 이제이북스 2005.
코니시, 킴벌리, 『비트겐슈타인과 히틀러 - 두 천재의 투쟁과 홀로코스트의 배후, 남경태 역, 그린비 2007.
슐테, 요아힘, 『비트겐슈타인』, 김현정 역, 인물과사상사 2007.
몽크, 레이, 『HOW TO READ 비트겐슈타인』, 김병화 역, 웅진지식하우스 2007.
크립키, 솔, 『비트겐슈타인 규칙과 사적 언어』, 남기창 역, 철학과현실사 2008.

3) 국내 학자의 비트겐슈타인 관련 저술

서광선, 『비트겐슈타인』, 이화여자대학교출판부 1980.
분석철학연구회, 『비트겐슈타인의 이해』, 서광사 1984.
엄정식, 『비트겐슈타인과 분석철학』, 서광사 1988.
이명현, 『이성과 언어』, 문학과지성사 1990.
이건표, 『비트겐슈타인의 철학과 마음』, 자유사상사 1992.
남경희, 『말의 질서와 국가』, 이화여자대학교출판부 1997.
이명현, 『신문법 서설』, 철학과현실사 1997.
정대현, 『맞음의 철학』, 철학과현실사 1997.
박영식, 『비트겐슈타인 연구』, 현암사 1998.
이승종, 『데리다와 비트겐슈타인』, 민음사 1998.
이승종, 『비트겐슈타인이 살아 있다면』, 문학과지성사 2002.
박병철, 『비트겐슈타인』, 이룸 2003.
엄정식, 『비트겐슈타인의 사상』, 서강대학교출판부 2003.

남경희, 『비트겐슈타인과 현대 철학의 언어적 전회』, 이화여자대학교출판부 2005.
문종두, 『언어 사용과 삶: 초월적 자연주의로 해명한 비트겐슈타인의 언어비판 철학』, 청문각 2007.
윤용아, 『존재의 철학자 하이데거 VS 의미의 철학자 비트겐슈타인』, 숨비소리 2007.
박만엽, 『비트겐슈타인 수학철학』, 철학과현실사 2008.

6. 발터 벤야민

1) 국내에 번역 소개된 벤야민의 저술

『발터 벤야민의 모스크바 일기』, 김남시 역, 그린비 2005.
『베를린의 어린 시절』, 조형준 역, 새물결 2007.
『일방통행로』, 조형준 역, 새물결 2007.
『일방통행로, 사유이미지』(발터 벤야민 선집 1), 김영옥 역, 길(박우정) 2007.
『기술복제시대의 예술작품, 사진의 작은 역사 외』(발터 벤야민 선집 2), 최성만 역, 길(박우정) 2007.
『1900년경 베를린의 유년시절, 베를린 연대기』(발터 벤야민 선집 3), 윤미애 역, 길(박우정) 2007.
『역사의 개념에 대하여, 폭력비판을 위하여, 초현실주의 외』(발터 벤야민 선집 5), 최성만 역, 길(박우정) 2008.
『언어 일반과 인간의 언어에 대하여, 번역자의 과제 외』(발터 벤야민 선집 6), 최성만 역, 길(박우정) 2008.
『독일 비애극의 원천』, 조만영 역, 새물결 2008.
『파리의 원풍경』(아케이드 프로젝트 1), 조형준 역, 새물결 2008.
『보들레르의 파리』(아케이드 프로젝트 2), 조형준 역, 새물결 2008.
『도시의 산책자』(아케이드 프로젝트 3), 조형준 역, 새물결 2008.
『방법으로서의 유토피아』(아케이드 프로젝트 4), 조형준 역, 새물결 2008.
『부르주아의 꿈』(아케이드 프로젝트 5), 새물결 2008.
『아케이드 프로젝트의 탄생』(아케이드 프로젝트 6), 조형준 역, 새물결 2008.

2) 국내에 번역 소개된 벤야민 관련 저술

풀트, 베르너, 『발터 벤야민: 그의 생애와 시대』, 문학과지성사 1985.
비테, 베른트, 『발터 벤야민』, 안소현 역, 역사비평사 1994.
볼츠, N., 『발터 벤야민』, 김득룡 역, 서광사 2000.
숄렘, 게스숌, 『한 우정의 역사: 발터 벤야민을 추억하며』, 최성만 역, 한길사 2002.
모스, 수잔 벅, 『발터 벤야민과 아케이드 프로젝트』, 김정아 역, 문학동네 2004.
질로크, 그램, 『발터 벤야민과 메트로폴리스』, 노명우 역, 효형출판 2005.
브로더젠, 몸메, 『발터 벤야민』, 이순예 역, 인물과사상사 2007.

3) 국내학자의 벤야민 관련 저술

고지현, 『꿈과 깨어나기: 발터 벤야민 파사주 프로젝트의 역사이론』, 유로 2007.
신혜경, 『벤야민 & 아도르노: 대중문화의 기만 혹은 해방』, 김영사 2009.

7. 자크 라캉

1) 국내에 번역 소개된 라캉의 저술

『욕망 이론』, 민승기 외 역, 문예출판사 1994.
『자크 라캉 세미나 11: 정신분석의 네 가지 근본 개념』, 맹정현 역, 새물결 2008.

2) 국내에 번역 소개된 라캉 관련 저술

르메르, 아니카, 『자크 라캉』, 이미선 역, 문예출판사 1994.
시럽, 마단, 『알기 쉬운 자크 라깡』, 김혜수 역, 백의 1994.
터클, 셰리, 『라캉과 정신분석 혁명』, 민음사 1995.
슈나이더맨, 스튜어트, 『쟈크 라캉 지적 영웅의 죽음』, 허경 역, 인간사랑 1997.
에반스, 딜런, 『라깡 정신분석 사전』, 김종주 외 역, 인간사랑 1998.
보위, 맬컴, 『라캉』, 이종인 역, 시공사 1999.
Benvenuto, Bice, 『라깡의 정신분석 입문』, 김종주 역, 하나의학사 1999.
나지오, 『자크 라캉의 이론에 대한 다섯 편의 강의』, 교문사 2000.

디아트킨, 질베르, 『자크 라캉』, 교문사 2000.
루디네스코, 엘리자베트, 『자크 라캉 - 라캉과 그의 시대』, 양녕자 역, 새물결 2000.
쥘리앵, 필리프, 『노아의 외투 - 아버지에 관한 라캉의 세가지 견해』, 한길사 2000.
살레클, 레나타 외, 『항상 라캉에 대해 알고 싶었지만 감히 히치콕에게 물어보지 못한 모든 것』, 김소연 역, 새물결 2001.
라이트, 엘리자베스, 『라캉과 포스트페미니즘』, 이소희 역, 이제이북스 2002.
Nobus, Dany, 『라깡과 프로이드의 임상정신분석』, 김종주 역, 하나의학사 2002.
오질비, 베르트랑, 『라캉 주체 개념의 형성』, 김석 역, 동문선 2002.
리더, 다리안, 『라캉』, 이수명 역, 김영사 2002.
핑크, 브루스, 『라캉과 정신의학 - 라캉 이론과 임상 분석』, 맹정현 역, 민음사 2002.
메이시, 데이비드, 『라캉 이론의 신화와 진실 - 콘텍스트로 라캉 읽기』, 허경 역, 민음사 2002.
클레람보, 가에탕 가티앙 드, 『여성의 에로틱한 열정과 페티시즘 - 클레람보와 라캉의 직물과 정신분석』, 도서출판 숲 2003.
레이징거, 막, 『라캉신드롬』, 강응섭 역, 문예출판사 2003.
주판치치, 알렌카, 『실재의 윤리 - 칸트와 라캉』, 이성민 역, 비 2004.
텐들라르스, S. E., 『자폐증과 라깡 정신분석』, 김종주 역, 하나의학사 2004.
도르, 조엘, 『프로이트, 라깡 정신분석임상』, 홍준기 역, 아난케 2005.
도르, 조엘, 『라깡과 정신분석임상: 구조와 도착증』, 홍준기 역, 아난케2005.
주판치치, 알렌카, 『정오의 그림자 - 니체와 라캉』, 비(도서출판b) 2005.
살레클, 레나타 외, 『성관계는 없다 - 성적 차이에 관한 라캉주의적 탐구』, 비(도서출판b) 2005.
호머, 숀, 『라캉 읽기』, 김서영 역, 은행나무 2006.
스타브라카키스, 야니, 『라캉과 정치』, 이병주 역, 은행나무 2006.
가즈시게, 신구, 『라캉의 정신분석』, 김병준 역, 은행나무 2006.
핑크, 브루스, 『에크리 읽기 - 문자 그대로의 라캉』, 김서영 역, 비 2007.
비트머, 페터, 『욕망의 전복 : 자크 라캉 또는 제2의 정신분석학 혁명』, 홍준기 역, 한울아카데미 2007.
지젝, 슬라보예, 『HOW TO READ 라캉』, 박정수 역, 웅진지식하우스 2007.

맥고완, 토드, 『라캉과 영화 이론』, 김상호 역, 인간사랑 2008.
벨지, 캐서린, 『문화와 실재 - 라캉으로 문화 읽기』, 경성대학교출판부 2008.
스미스, 조셉, 『라깡과 자아심리학』, 김종주 역, 하나의학사 2008.
코우츠, 캐런, 『라캉의 정신분석학과 페미니즘 이론을 통한 아동문학 작품 읽기』, 이미선 옮김, 작은씨앗 2008.

3) 국내학자들의 라캉 관련 저술

윤소영, 『알튀세르와 라캉』, 공감 1996.
김종주, 『코리안 이마고』, 인간사랑 1998.
맥락과비평 현대문학연구회 편, 『라깡과 문학』, 예림기획 1998.
강응섭, 『동일시와 노예의지 - 프로이트와 라깡의 동일시 이론과 에라스무스와 루터의 논쟁』, 백의 1999.
라깡과 현대정신분석학회 편, 『우리시대의 욕망읽기 - 정신분석과 문화』, 문예출판사 1999.
홍준기, 『라캉과 현대철학』, 문학과지성사 1999.
권택영, 『감각의 제국 - 라캉으로 영화 읽기』, 민음사 2001.
김보현, 『데리다의 정신분석학 해체 - 프로이트와 라캉을 중심으로』, 부산대학교출판부 2000.
김상환 외, 『라깡의 재탄생』, 창비 2002.
김종주, 『라깡정신분석의 핵심용어』, 하나의학사 2003.
권택영, 『라캉 장자 태극기』, 민음사 2003.
박찬부, 『라캉 : 재현과 그 불만』, 문학과지성사 2006.
윤정윤, 『라캉으로 쇠라읽기』, 애플트리태일즈 2006.
이미선, 『라캉의 욕망이론과 셰익스피어 텍스트 읽기』, 한국학술정보 2006.
김석, 『에크리 - 라캉으로 이끄는 마법의 문자들』, 살림 2007.
박시성, 『정신분석의 은밀한 시선 - 라깡의 카우치에서 영화를 보다』, 효형출판 2007.
김소연 편, 『라캉과 한국영화』, 비(도서출판b) 2008.
김용수, 『자크 라캉』, 살림 2008.
김종주, 『라깡과 자아심리학 - 라깡과의 논의 : 자아심리학과 언어』, 하나의학사 2008.

양해림, 『자크 라캉이 들려주는 욕망 이야기』, 자음과모음 2008.
이승훈, 『라캉 거꾸로 읽기 - 해방시학을 위하여』, 월인 2009.

8. 칼 포퍼

1) 국내에 번역 소개된 포퍼의 저술

『역사주의의 빈곤』, 이석윤 역, 벽호 1993.
『과학적 발견의 논리』, 박우석 역, 고려원 1994.
『열린사회와 그 적들 1』, 이한구 역, 민음사 1997, 2006.
『열린사회와 그 적들 2』, 이명현 역, 민음사 1998.
『우리는 20세기에서 무엇을 배울 수 있는가』, 이상헌 역, 생각의나무 2000.
『추측과 논박 1, 2』, 이한구 역, 민음사 2001.
『삶은 문제해결의 연속이다』, 허형은 역, 옮김, 부글북스 2006.
『끝없는 탐구 : 내 삶의 지적 연대기』, 박중서 역, 갈라파고스 2008.
『더 나은 세상을 찾아서』, 박영태, 문예출판사 2008.

2) 국내에 번역 소개된 포퍼 관련 저술

매기, 브라이언, 『칼 포퍼』, 이명현 역, 문학과지성사 1982.
라카토스, 임레, 『현대 과학철학 논쟁』, 민음사 1987.
라파엘, 프레드릭, 『포퍼』, 신중섭 역, 궁리 2001.
에즈먼드, 데이비드, 『비트겐슈타인은 왜?』, 김태환 역, 웅진닷컴 2001.
풀러, 스티브, 『쿤 포퍼 논쟁 : 쿤과 포퍼의 세기의 대결에 대한 도발적 평가서』, 나현영 역, 생각의나무 2007.

3) 국내 학자의 포퍼 관련 저술

신일철 편, 『포퍼』, 고려대학교출판부 1990.
조용현, 『칼 포퍼의 과학철학』, 서광사 1992.
신중섭, 『포퍼와 현대의 과학철학』, 서광사 1992.
이한구, 『역사주의와 역사철학』, 문학과지성사 1992.
신중섭, 『포퍼의 열린사회와 그 적들』, 자유기업센터 1999.

박은진, 『칼 포퍼 과학철학의 이해』, 철학과현실사 2001.
장대익, 『쿤&포퍼 : 과학에는 뭔가 특별한 것이 있다』, 김영사 2008.

9. 테오도르 아도르노

1) 국내에 번역 소개된 아도르노의 저술

『신음악의 철학: 모더니즘의 변증법적 철학』, 까치 1986.
『사회과학의 논리: 실증주의 논쟁』, 김종호 역, 이문출판사 1986.
『아도르노의 문학이론』, 민음사 1989.
『음악사회학』, 권혁면 역, 탑출판사 1989.
『음악사회학입문』, 김방현 역, 삼호출판사 1990.
『미적이론』, 방대원 역, 이론과실천 1991.
『미학이론』, 홍승용 역, 문학과지성사 1994.
『한줌의 도덕』, 최문규 역, 솔 1995.
『부정변증법』, 홍승용 역, 한길사 1999.
『계몽의 변증법』, 김유동 역, 문학과지성사 2001.
『말러: 음악적 인상학』, 이정하 역, 책세상 2004.
『프리즘』, 홍승용 역, 문학동네 2004.
미니마 모랄리아』, 김유동 역, 길 2005.

2) 국내에 번역 소개된 아도르노 관련 저술

샤이블레, 하르트무트, 『아도르노』, 김유동 역, 한길사 1997.
제이, 마틴, 『아도르노』, 최승일 역, 시공사 2000.
패디슨, 맥스, 『아도르노의 음악미학』, 최유준 역, 세종출판사 2003.

3) 국내학자의 아도르노 관련 저술

김유동, 『아도르노 사상』, 문예출판사 1993.
김유동, 『아도르노와 현대사상』, 문학과지성사 1997.
문병호, 『아도르노의 사회이론과 예술이론』, 문학과지성사 2001.
이순예, 『아도르노와 자본주의적 우울』, 풀빛 2005.

문광훈, 『아도르노와 김우창의 예술문화론: 심미적 인문성의 옹호』, 한길사 2006.
이종하, 『아도르노 고통의 해석학』, 살림 2007.
이종하, 『아도르노의 문화철학』, 철학과현실사 2007.
문병호, 『비판과 화해: 아도르노의 철학과 미학』, 철학과현실사 2006.
신혜경, 『벤야민 & 아도르노: 대중문화의 기만 혹은 해방』, 김영사 2009.

10. 한스 요나스

1) 국내에 번역 소개된 요나스의 저술

『책임의 원칙: 기술 시대의 생태학적 윤리』, 이진우 역, 서광사 1994.
『생명의 원리: 철학적 생물학을 위한 접근』, 한정선 역, 아카넷 2001.
『기술 의학 윤리: 책임 원칙의 실천』, 이유택 역, 솔출판사 2005.
『물질 정신 창조: 우주의 기원과 진화에 관한 철학적 성찰』, 김종국 역, 철학과현실사 2007.

2) 국내학자의 요나스 관련 저술

김진, 『칸트와 생태사상』, 철학과현실사 2003.
양해림, 『한스 요나스가 들려주는 환경 이야기』, 자음과모음 2008.

11. 한나 아렌트

1) 국내에 번역 소개된 아렌트의 저술

『어두운 시대의 사람들』, 문학과지성사 1983.
『인간의 조건』, 이진우 역, 한길사 1996.
『폭력의 세기』, 김정한 역, 이후 1999.
『칸트 정치철학 강의』, 김선욱 역, 푸른숲 2002.
『혁명론』, 홍원표 역, 한길사 2004.
『정신의 삶 1: 사유』, 홍원표 역, 푸른숲 2004.
『과거와 미래 사이: 정치사상에 관한 여덟 가지 철학연습』, 서유경 역, 푸른숲

2005.
『전체주의의 기원』, 이진우 역, 한길사 2006.
『예루살렘의 아이히만』, 김선욱 역, 한길사 2006.
『정치의 약속』, 김선욱 역, 푸른숲 2007.

2) 국내에 번역 소개된 아렌트 관련 저술

알로이스 프린츠, 『한나 아렌트』, 여성신문사 2000.
다나 빌라, 『아렌트와 하이데거』, 교보문고 2000.
엘리자베스 영-브륄, 『한나 아렌트 전기: 세계 사랑을 위하여』, 홍원표 역, 인간사랑 2007.
필립 한센, 『한나 아렌트의 정치이론과 정치철학』, 김인순 역, 삼우사 2008.

3) 국내학자의 아렌트 관련 저술

김비환, 『축복과 저주의 정치사상: 20세기와 한나 아렌트』, 한길사 2001.
김선욱, 『정치판단이론: 한나 아렌트』, 푸른숲 2002.
박홍규, 『누가 아렌트와 토크빌을 읽었다 하는가: 한국 인문학의 왜곡된 추상주의 비판』, 글항아리 2008.

12. 엠마누엘 레비나스

1) 국내에 번역 소개된 레비나스의 저술

『시간과 타자』, 강영안 역, 문예출판사 1996.
『윤리와 무한』, 양명수 역, 다산글방, 2000.
『모리스 블랑쇼에 대하여』, 김교신 역, 동문선 2003.
『존재에서 존재자로』, 서동욱 역, 민음사 2003.

2) 국내에 번역 소개된 레비나스 관련 저술

쉐롱, 미카엘 드 생, 『엠마누엘 레비나스와의 대담 1992-1994』, 김웅권 역, 동문선 2008.
데이비스, 콜린, 『엠마누엘 레비나스: 타자를 향한 욕망』, 김성호 역, 다산글방

2001.
타우렉, 베른하르트, 『레비나스』, 변순용 역, 인간사랑 2004.
레스쿠레, 마리 안느, 『레비나스 평전』, 변광배 역, 살림 2006.

3) 국내학자의 레비나스 관련 저술

김연숙, 『레비나스 타자윤리학』, 인간사랑 2001.
박재주, 『서양의 도덕교육 사상: 소크라테스에서 레비나스까지』, 청계 2003.
강영안, 『타인의 얼굴: 레비나스의 철학』, 문학과지성사 2005.
민대훈, 『바르트와 레비나스가 본 형상금령 해석』, 비앤에이 2007.

13. 존 롤즈

1) 국내에 번역 소개된 롤즈의 저술

『사회정의론』, 황경식 역, 서광사 1985.
『공정으로서의 정의』, 황경식 편역, 서광사 1988.
『정치적 자유주의』, 장동진 역, 동명사 1998.
『만민법』, 장동진 외 역, 이끌리오 2000.
『정의론』, 황경식 역, 이학사 2003.

2) 국내에 번역 소개된 롤즈 관련 저술

노직, 로버트, 『아나키에서 유토피아로』, 남경희 역, 문학과지성사 1989.
노직, 로버트, 『자유주의의 정의론』, 강성학 역, 대광문화사 1992.
배리, 브라이언, 『정의론』, 이용필 역, 신유문화사 1993.

3) 국내 학자의 롤즈 관련 저술

황경식, 『사회정의의 철학적 기초』, 문학과지성사 1996.
염수균, 『롤즈의 민주적 자유주의』, 천지 2001.
정원섭, 『롤즈의 공적 이성과 입헌민주주의』, 철학과현실사 2008.

14. 질 들뢰즈

1) 국내에 번역 소개된 들뢰즈의 저술

『대담(1972-1990)』, 김종호 역, 솔 1993.

『앙띠 오이디푸스』, 최명관 역, 민음사 1994.

『들뢰즈의 푸코』, 권영숙 외 역, 새길 1995.

『감각의 논리』, 하태환 역, 민음사 1995.

『철학이란 무엇인가』, 이정임 역, 현대미학사 1995.

『베르그송주의』, 김재인 역, 문학과지성사 1996.

『소수집단의 문학을 위하여: 카프카론』, 조한경 역, 문학과지성사 1997.

『의미의 논리』, 이정우 역, 한길사 1999.

『비평과 진단(문학, 삶 그리고 철학)』, 김현수 역, 인간사랑 2000.

『스피노자의 철학』, 박기순 역, 민음사 2001.

『카프카』, 이진경 역, 동문선 2001.

『천개의 고원』, 김재인 역, 새물결 2001.

『니체와 철학』, 이경신 역, 민음사 2001.

『시네마 1(운동-이미지)』, 유진상 역, 시각과언어 2002.

『푸코』, 허경 역, 동문선 2003.

『스피노자와 표현의 문제』, 이진경 외 역, 인간사랑 2003.

『프루스트와 기호들』, 서동욱 외 역, 민음사 2004.

『차이와 반복』, 김상환 역, 민음사 2004.

『주름: 라이프니츠와 바로크』, 이찬웅 역, 문학과지성사 2004.

『비물질노동과 다중』, 서창현 역, 갈무리 2005.

『디알로그』, 허희정 역, 동문선 2005.

『중첩』, 허희정 역, 동문선 2005.

『시네마 2(시간-이미지)』, 이정하 역, 시각과언어 2005.

『칸트의 비판철학』, 서동욱 역, 민음사 2006.

『매저키즘』, 이강훈 역, 인간사랑 2007.

『들뢰즈의 니체』, 박찬국 역, 철학과현실사 2007.

『들뢰즈가 만든 철학사: 생성과 창조의 철학사』, 박정태 역, 이학사 2007.

『감각의 논리』, 하태환 역, 민음사 2008.

2) 국내에 번역 소개된 들뢰즈 관련 저술

바디우, 알랭, 『들뢰즈 - 존재의 함성』, 박정태 역, 이학사 2001.

플랙스먼, 그레고리, 『뇌는 스크린이다: 들뢰즈와 영화 철학』, 박성수 역, 이소출판사 2003.

요시유키, 고미즈미, 『들뢰즈의 생명철학』, 이정우 역, 동녘 2003.

콜브룩, 클레어, 『질 들뢰즈』, 백민정 역, 태학사 2004.

라코트, 쉬잔 엠 드, 『들뢰즈 철학과 영화』, 이지영 역, 열화당 2004.

하트, 마이클, 『들뢰즈 사상의 진화』, 김상운 외 역, 갈무리 2004.

로도윅, 데이비드 노먼, 『질 들뢰즈의 시간기계』, 김지훈 역, 그린비 2005.

패튼, 폴, 『들뢰즈와 정치: 앙티 외디푸스와 천의 고원들의 정치철학』, 백민정 역, 태학사 2005.

쏘번, 니콜래스, 『들뢰즈 맑스주의: 민중이 없는 시대의 소수정치』, 조정환 역, 갈무리 2005.

라이크만, 존, 『들뢰즈 커넥션』, 김재인 역, 현실문화연구 2005.

뷔뎅, 미레유, 『사하라: 들뢰즈의 미학』, 안구 조현진 역, 산해 2006.

보그, 로널드, 『들뢰즈와 시네마』, 정형철 역, 동문선 2006.

지젝, 슬라보예, 『신체 없는 기관: 들뢰즈와 결과들』, 김지훈 역, b 2006.

보그, 로널드, 『들뢰즈와 문학』, 김승숙 역, 동문선 2006.

보그, 로널드, 『들뢰즈와 음악 회화 그리고 일반 예술』, 사공일 역, 동문선 2006.

피스터르스, 파트리샤, 『시각문화의 매트릭스: 들뢰즈와 함께 보는 현대 영화』, 정민아 역, 철학과현실사 2007.

콜브룩, 클레어, 『이미지와 생명, 들뢰즈의 예술철학: 시네마, 예술, 정치학』, 정유경 역, 그린비 2008.

메이, 토드, 『질 들뢰즈』, 경성대학교출판부 2008.

3) 국내 학자의 들뢰즈 관련 저술

박성수, 『들뢰즈와 영화』, 문화과학사 1998.

이택광, 『들뢰즈의 극장에서 그것을 보다』, 갈무리 2002.

서동욱, 『들뢰즈의 철학』, 민음사 2002.

고미숙 외, 『들뢰즈와 문학기계』, 소명 2002.

정정호, 『들뢰즈 철학과 영미문학 읽기』, 동인 2003.

전경갑, 『욕망의 통제와 탈주: 스피노자에서 들뢰즈까지』, 한길사 2004.

박성수, 『들뢰즈』, 이룸 2004.
윤성우, 『들뢰즈: 재현의 문제와 다른 철학자들』, 철학과현실사 2004.
정형철, 『들뢰즈와 가타리』, 세종출판사 2004.
장시기, 『노자와 들뢰즈의 노마돌로지』, 당대 2005.
장석주, 『들뢰즈 카프카 김훈』, 작가정신 2006.
비평이론학회, 『들뢰즈와 그 적들』, 우물이있는집 2006.
클레어 콜브룩, 『들뢰즈 이해하기: 차이생성과 생명의 철학』, 한정헌 역, 그린비 2007.
이정우, 『들뢰즈 사상의 분화: 스피노자론에서 영화론까지』, 그린비 2007.
오길영, 『이론과 이론기계: 들뢰즈에서 진중권까지』, 생각의나무 2008.
사공일, 『들뢰즈와 창조성의 정치학』, 동문선 2008.
신지영, 『들뢰즈로 말할 수 있는 7가지 문제들』, 그린비 2008.
장시기, 『들뢰즈와 탈근대 문화연구』, 당대 2008.

15. 미셸 푸코

1) 국내에 번역 소개된 푸코의 저술

『말과 사물』, 이광래, 민음사 1986.
『감시와 처벌』, 박홍규 역, 강원대학교출판부 1989.
『성과 권력』, 박정자 역, 인간사 1989.
『광기의 역사』, 김부용 역, 인간사랑 1991.
『지식의 고고학』, 이정우 역, 민음사 1992.
『임상의학의 탄생』, 홍성민 역, 인간사랑 1993.
『미셸푸코의 권력이론』, 정일준 역, 새물결 1994.
『미셸푸코 섹슈얼리티의 정치와 페미니즘』, 황정미 역, 새물결 1995.
『이것은 파이프가 아니다』, 김현 역, 민음사 1995.
『자기의 테크놀로지』, 이희원 역, 동문선 1997.
『사회를 보호해야 한다』, 박정자 역, 동문선 1998.
『담론의 질서』, 이정우 역, 서강대학교출판부 1998.
『자유를 향한 참을 수 없는 열망 - 푸코-하버마스 논쟁 재론』, 새물결 1999.

『비정상인들』, 박정자 역, 동문선 2001.
『정신병과 심리학』, 박혜영 역, 문학동네 2002.
『감시와 처벌』, 오생근 역, 나남출판 2003.
『광기의 역사』, 이규현 역, 나남출판 2003.
『성의 역사』 - 제1권 『앎의 의지』, 이규현 역, 제2권 『쾌락의 활용』, 문경자 외 역, 제3권 『자기에의 배려』, 이혜숙 역, 나남출판 2004.
『푸코의 맑스』, 이승철 역, 갈무리 2004.
『임상의학의 탄생: 의학적 시선의 고고학』, 이매진 2006.
『주체의 해석학: 1981-1982, 콜레주 드 프랑스에서의 강의』, 심세광 역, 동문선 2007.

2) 국내에 번역 소개된 푸코 관련 저술

포스터, 마크, 『푸코와 마르크스주의』, 조광제 역, 민맥 1989.
라비노우, 드레피스, 『미셀푸코 : 구조주의와 해석학을 넘어서』, 서우석 역, 나남 1989.
필링햄, 리디아 앨릭스, 『미셸 푸코 - 만화로 읽는 삶과 철학』, 박정자 역, 국제 1995.
들뢰즈, 질, 『들뢰즈의 푸코』, 권영숙 외 역, 새길 1995.
에리봉, 디디에, 『미셸 푸코』, 박정자 역, 시각과언어 1995.
메길, 앨런, 『극단의 예언자들: 니체 하이데거 푸코 데리다』, 정일준 역, 새물결 1996.
콜롱벨, 자네트, 『미셸 푸코, 죽음의 빛』, 김현수 역, 인간사랑 1998.
라마자노글루, C., 『푸코와 페미니즘』, 최영 역, 동문선 1998.
메르키오르, J. G., 『푸코』, 시공사 1998.
스카트, 베리, 『마르크스주의와 미셸 푸코의 대화』, 이유동 외 역, 문학풍경 1999.
거팅, 개리, 『미셸 푸꼬의 과학적 이성의 고고학』, 백의 1999.
네틀턴, 사라, 『푸코와 치아』, 대한치과의사학회 역, 한울 2000.
빌루에, 피에르, 『푸코읽기』, 나길래 역, 동문선 2002.
들뢰즈, 질, 『푸코』, 허경 역, 동문선 2003.
호록스, 크리스, 『푸코(하룻밤의 지식여행 20)』, 조란 저브틱 그림, 이지영 역, 김영사 2003.
스파고, 탬신, 『푸코와 이반 이론』, 김부용 역, 이제이북스 2003.

듀링, 시몬, 『푸코와 문학』, 오경심 외 역, 동문선 2003.
뜨롬바도리, 둣치오, 미셸 푸코, 『푸코의 맑스 - 미셸 푸코, 둣치오 뜨롬바도리와의 대담』, 갈무리 2004.
그로, 프레데릭, 『푸코와 광기』, 김웅권 역, 동문선 2005.
피미아니, 마리아파올라 외, 『미셸 푸코 진실의 용기』, 심세광 역, 길 2006.
볼, 스티븐 J., 『푸코와 교육: 푸코를 통해 바라본 근대교육의 계보학』, 이우진 역, 청계 2007.
맥도넬, 다이안, 『담론이란 무엇인가: 알튀세 입장에서의 푸코 포스트맑시즘 비판』, 임상훈 역, 한울 2008.

3) 국내 학자의 푸코 관련 저술

이광래, 『미셸 푸코』, 민음사 1989.
한상진, 『미셸푸코론』, 한울 1990.
김현, 『시칠리아의 암소: 미셸 푸코 연구』, 문학과지성사 1994.
윤평중, 『푸코와 하버마스를 넘어서』, 교보문고 1997.
김현 편, 『미셸 푸코의 문학비평』, 문학과지성사 1999.
윤효녕 외, 주체 개념의 비판: 데리다 라캉 알튀세 푸코, 서울대학교출판부 1999.
박승규, 『푸코의 정치윤리』, 철학과현실사 2002
양운덕, 『미셸 푸코』, 살림 2003.
홍은영, 『푸코와 몸에 대한 전략』, 철학과현실사 2004.
박종성, 『탈식민주의에 대한 성찰: 푸코 파농 사이드 바바 스피박』, 살림 2006.
조광익, 『현대관광과 문화이론: 푸코의 권력이론과 부르디외의 문화적 갈등이론』, 일신사 2006.
이영남, 『푸코에게 역사의 문법을 배우다 - 한 젊은 역사가의 사색 노트』, 푸른역사 2007.
김형효, 『구조주의: 사유체계와 사상 : 레비-스트로쓰 라캉 푸코 알튀세르에 관한 연구』, 인간사랑 2008.

16. 위르겐 하버마스

1) 국내에 번역 소개된 하버마스의 저술

『하버마스의 후기 자본주의 정당성 문제』, 임재진 편역 , 종로서적 1983.
『커뮤니케이션과 사회진화』, 심연수 역, 청하 1987.
『이성적인 사회를 향하여』, 장일조 역, 종로서적 1987.
『사회과학의 논리』, 박성수 역, 문예출판사 1988.
『이론과 실천』, 홍윤기 역, 종로서적 1989.
『이데올로기로서의 기술과 과학』, 하석용 역, 이성과현실 1993.
『현대성의 철학적 담론』, 이진우 역, 문예출판사 1994.
『커뮤니케이션 행위이론 I』, 이강수 역, 나남 1994.
『포스트모던 문화』, 이기우 역, 신아출판사 1995.
『새로운 불투명성』, 이진우 역, 문예출판사 1995.
『인식과 관심』, 강영계 역, 고려원 1996.
『현대성의 새로운 지평』, 나남출판 1996.
『담론윤리의 해명』, 이진우 역, 문예출판사 1997.
『도덕의식과 소통적 행위』, 황태연 역, 나남출판 1997.
『비판적 사회과학과 철학적 인간학』, 이현아 역, 서광사 1999.
『이질성의 포용: 정치이론연구』, 황태연 역, 나남출판 2000.
『탈 형이상학적 사유』, 이진우 역, 문예출판사 2000.
『인간이라는 자연의 미래』, 장은주 역, 나남출판 2003.
『공론장의 구조변동: 부르주아 사회의 한 범주에 관한 연구』, 한승완 역, 나남출판 2004.
『의사소통의 철학 - 현대 독일 철학의 정신 8인과의 대화』, 홍윤기 역, 민음사 2004.
『의사소통행위이론 I, II』, 장춘익 역, 나남출판 2006.
『사실성과 타당성: 담론적 법이론과 민주적 법치국가 이론』, 박영도, 한상진 역, 나남출판 2007.

2) 국내에 번역 소개된 하버마스 관련 저술

스미스, A.A., 『베버와 하버마스: 사회이론과 가치』, 서광사 1991.

로데릭, 릭, 『하버마스의 사회사상』, 탐구당 1992.
록크모어, 톰, 『하버마스 다시읽기』, 인간사랑 1995.
레제-쉐퍼, 발터, 『하버마스』, 선우현역, 거름 1998.
영, 로버트, 『하버마스의 비판이론과 담론 교실』, 이정화, 이지헌 역, 우리교육 2003.
보라도리, 지오반나, 『테러 시대의 철학 - 하버마스, 데리다와의 대화』, 김은주, 김준성, 손철성 역, 문학과지성사 2004.
마이어슨, 조지, 『하이데거, 하버마스, 그리고 이동전화』, 김경미 역, 이제이북스 2003.
게스, 레이몬드, 『비판이론의 이념: 하버마스와 프랑크푸르트학파』, 신중섭, 윤평중 역, 서광사 2006.
시튼, 존, 『하버마스와 현대사회』, 김원식 역, 동과서 2007.

3) 국내 학자의 하버마스 관련 저술

김삼룡, 『루만과 하버마스』, 장원출판사 1995.
이진우, 『하버마스의 비판적 사회이론』, 문예출판사 1996.
김재현 외, 『하버마스의 사상: 주요 주제와 쟁점들』, 나남출판 1996.
윤평중, 『푸코와 하버마스를 넘어서』, 교보문고 1997.
한상진 외, 『하버마스 이성적 사회의 기획 그 논리와 윤리』, 나남 1997.
선우현, 『사회비판과 정치적 실천』, 백의 1999.
홍기수, 『하버마스와 현대철학』, 울산대학교출판부(UUP) 1999.
이태우, 『화해의 철학자 하버마스』, 이문출판사 2001.
고호상, 『하버마스의 현대성 주장과 보편적 합리성 문제』, 한국학술정보 2006.
한기철, 『하버마스와 교육』, 학지사 2008.

17. 자크 데리다

1) 국내에 번역 소개된 데리다의 저술

『입장들』, 박성창 역, 솔출판사 1992.
『해체』, 문예출판사 1996.

『다른 곳』, 동문선 1997.
『광기의 역사 30년후』, 박정자 역, 시각과언어 1997.
『에쁘롱』, 동문선 1998.
『공간의 논리』, 현대건축사 1998.
『시네퐁주』, 허정아 역, 민음사 1998.
『글쓰기와 차이』, 남수인 역, 동문선 2001.
『에코그라피: 텔레비전에 관하여』, 김재희 외 역, 민음사 2002.
『불량배들: 이성에 관한 두 편의 에세이』, 이경신 역, 휴머니스트 2003.
『환대에 대하여』, 남수인 역, 동문선 2004.
『법의 힘』, 진태원 역, 문학과지성사 2004.
『시선의 권리』, 신방흔 역, 마리-프랑수아즈 플리사르 사진, 아트북스 2004년.
『그라마톨로지에 대하여』, 동문선 2004.
『테러 시대의 철학』, 김은주 외 역, 문학과지성사 2004.
『정신에 대해서』, 박찬국 역, 동문선 2005.
『목소리와 현상』, 김상록 역, 인간사랑 2006.
『마르크스의 유령들』, 진태원 역, 이제이북스 2007.
『기하학의 기원』, 배의용 역, 지만지고전천줄 2008.

2) 국내에 번역 소개된 데리다 관련 저술

레웰린, 존, 『데리다의 해체주의』, 문학과지성사 1990.
사럽, 마단, 『데리다와 푸꼬, 그리고 포스트모더니즘』, 인간사랑 1991.
키멜레, H., 『데리다: 데리다 철학의 개론적 이해』, 서광사 1996.
슈리프트, 앨런, 『니체와 해석의 문제: 하이데거와 데리다의 니체 해석과 계보학』, 푸른숲 1997.
로이보인, 『데리다와 푸꼬: 동일성과 차이』, 홍원표 역, 인간사랑 1998.
실버만, 휴, 『데리다와 해체주의: 철학과 사상』, 현대미학사 1998.
페인, 마이클, 『읽기이론 이론읽기: 라깡, 데리다, 크리스떼바』, 장경렬 외 역, 한신문화사 1999.
노리스, 크리스토퍼, 『데리다』, 이종인 역, 시공사 1999.
지마, 페터, 『데리다와 예일학파』, 김혜진 역, 문학동네 2001.
심, 스튜어트, 『데리다와 역사의 종말』, 조현진 역, 이제이북스 2002.
벨러, 에른스트, 『데리다 니체 니체 데리다』, 박민수 역, 책세상 2003.

콜린스, 제프,『데리다 - 하룻밤의 지식여행, 이수명 역, 김영사 2003.
로일, 니콜러스,『자크 데리다의 유령들』, 오문석 역, 앨피 2007.
도이처, 페넬로페,『HOW TO READ 데리다』, 변성찬 역, 웅진지식하우스 2007.
페인, 마이클 외 편,『이론 이후 삶 - 데리다와 현대이론을 말하다』, 강우성 역, 민음사 2007.

3) 국내 학자의 데리다 관련 저술

김형효,『데리다의 해체철학』, 민음사 1993.
김형효,『데리다와 老莊의 독법』, 한국학중앙연구원 1994.
이성원,『데리다 읽기』, 문학과지성사 1997.
이승종,『데리다와 비트겐슈타인』, 민음사 1998.
김보현,『데리다의 정신분석학 해체: 프로이트와 라캉을 중심으로』, 부산대학교 출판부 2000.
한국도가철학회,『노자에서 데리다까지: 도가 철학과 서양 철학의 만남』, 예문서원 2001.
한상철,『데리다의 해체주의에 대한 비판적 이해』, 철학과현실사 2001.
이만식,『T.S 엘리엇과 쟈크 데리다』, 새미 2003.
신경원,『니체, 데리다, 이리가레의 여성』, 소나무 2004.

18. 슬라보예 지젝

1) 국내에 번역 소개된 지젝의 저술

『당신의 징후를 즐겨라: 할리우드의 정신분석』, 주은우 역, 한나래 1997.
『향락의 전이: 여성과 인과성에 대한 여섯 편의 에세이』, 이만우 역, 인간사랑 2001.
『항상 라캉에 대해 알고 싶었지만 감히 히치콕에게 물어보지 못한 모든 것』, 김소연 역, 새물결 2001.
『환상의 돌림병: 문화현상을 라깡식으로 읽기』, 김종주 역, 인간사랑 2002.
『믿음에 대하여』, 최생열 역, 동문선 2003.
『이데올로기라는 숭고한 대상』, 이수련 역, 인간사랑 2003.

『매트릭스로 철학하기』, 이운경 역, 한문화 2003.
『실재계 사막으로의 환대』, 김종주 역, 인간사랑 2003.
『그들은 자기가 하는 일을 알지 못하나이다: 정치적 요인으로서의 향락』, 박정수 역, 인간사랑 2004.
『무너지기 쉬운 절대성』, 김재영 역, 인간사랑 2004.
『진짜 눈물의 공포』, 오영숙 외 역, 울력 2004.
『이라크: 빌려온 항아리』, 박대진 외 역, 도서출판b 2004.
『아부 그라이브에서 김선일까지』, 당대비평 특별호, 생각의나무 2004.
『성관계는 없다: 성적 차이에 관한 라캉주의적 탐구』, 김영찬 편역, 도서출판b 2005.
『까다로운 주체』, 이성민 역, 도서출판b 2005.
『탈이데올로기 시대의 이데올로기: 20세기에 대한 철학적 평가』, 김상환 외 역, 철학과현실사 2005.
『혁명이 다가온다』, 이서원 역, 길 2006.
『신체없는 기관: 들뢰즈와 결과들』, 김지훈 외 역, 도서출판 b 2006.
『How to Read 라캉』, 박정수 역, 웅진지식하우스 2007.
『부정적인 것과 함께 머물기: 칸트, 헤겔, 그리고 이데올로기 비판』, 이성민 역, 도서출판 b 2007.
『죽은 신을 위하여: 기독교 비판 및 유물론과 신학의 문제』, 김정아 역, 길 2007.
『전체주의가 어쨌다구?』 한보희 역, 새물결 2008.
『지젝이 만난 레닌: 레닌에게서 무엇을 배울 것인가』, 정영목 역, 교양인 2008.

2) 국내에 번역 소개된 지젝 관련 저술

마이어스, 토니, 『누가 슬라보예 지젝을 미워하는가』, 박정수 역, 앨피book 2005.
케이, 사라, 『슬라보예 지젝』, 정현숙 역, 경성대학교출판부 2006.
파커, 이안, 『지젝: 비판적 독해』, 이성민 역, 도서출판 b 2008.

3) 국내 학자의 지젝 관련 저술

김상환 편, 『라깡의 재탄생』, 창작과비평사 2002.
권택영, 『잉여 쾌락의 시대: 지젝이 본 후기산업사회』, 문예출판사 2003.

찾아보기

김진(金珍)

울산대학교 철학과 교수. 독일 루어대학(보쿰) 철학박사
jinkim@ulsan.ac.kr

독일 루어-대학(보쿰)에서 철학을 연구하였으며, 리챠드 쉐플러(Richard Schaeffler) 교수의 지도 아래 철학 박사 학위를 취득하였다. 1989년 이후 울산대학교 철학과 교수로 재직하고 있다.
저서로는 *Kants Postulatenlehre* (Peterlang, Frankfurt 1988), 『생활속의 철학』(1990), 『칼 마르크스와 희랍철학』(1990, 1998), 『철학의 현실문제들』(1994, 2004, 2007), 『새로운 불교해석』(1996), *Die Hoffnungsphilosophie im Maitreya-Buddhismus* (Ulsan University Press 1997), 『아펠과 철학의 변형』(1998), 『칸트 · 순수한 이성의 한계 안에서의 종교』, 『선험철학과 요청주의』(1999), 『살고있는 순간의 어두움』(1999, 2001), 『칸트와 불교』(2000, 2004), 『칸트와 생태사상』, 『퓌지스와 존재사유』(2003), 『무아윤회 논쟁』, 『라이프니츠, 헤겔, 쇼펜하우어와 불교』, 『니체와 불교적 사유』, 『하이데거와 불교』, 『화이트헤드와 화엄형이상학』(2004), 『동성애의 배려윤리적 고찰』, 『칸트와 세계관의 철학』, 『하느님의 길』, 『최고선과 요청주의』 (2005), 『믿음 사랑 희망에 대하여』, 『에른스트 블로흐와 희망의 원리』(2006), 『사회정의와 문화정체성에 대하여』, 『울산의 정치·문화에 대하여』, 『줄기세포 조작에 대하여』, 『한국 정치현실의 철학적 성찰』, 『페미니즘 윤리학』, 『처용설화의 해석학』(2007), 『생각하는 삶』, 『종교란 무엇인가』, 『처용논쟁』(2008), 『하느님의 나라와 부처님의 나라』(2009) 외 다수가 있다.
역서로는 토마스 아퀴나스의 『존재자와 본질에 대하여』(서광사 1995)와 리챠드 쉐플러의 『역사철학』(철학과 현실사 1997) 등이 있으며, 그밖에 『한의 학제적 연구』, 『공학윤리』, *Wahrheit und Erfahrung*(Würzburg 2004) 등 다수의 공저와 논문들이 있다.
주요 연구 분야는 칸트 및 현대 독일철학이고, 종교철학, 형이상학, 역사철학, 환경철학의 주제들에 관심을 가져왔으며, 최근에는 신화학의 철학과 심리사상 분야에까지 관심을 넓히고 있다.